W0203339

FETTNÄPFCHENFÜHRER

CONBOOK.

Sylvie Gühmann, geboren 1994 im ostfriesischen Leer, konnte sich als Volontärin der Zeitungsgruppe Ostfriesland mit der gesamten Region vertraut machen. Die Spleens der Ostfriesen hat sie schon mit den ersten Teetassen aufgesogen. Heute studiert sie in Hamburg Psychologie und nimmt regelmäßig an Poetry Slams teil.

FETTNÄPFCHENFÜHRER

OSTFRIESLAND

EINE ODE AN DAS MOIN

SYLVIE GÜHMANN

MIX
Papier aus verantwortungsvollen Quellen
FSC® C014496
FSC
www.fsc.org

2. Auflage
© Conbook Medien GmbH, Neuss, 2020
Alle Rechte vorbehalten

www.conbook-verlag.de

Textredaktion: Judith Heisig, Hamburg
Einbandgestaltung: Weiß-Freiburg GmbH – Grafik & Buchgestaltung
unter Verwendung der Motive von Sylvie Gühmann und
© istockphoto.com/Jens Domschky
Satz: Röser MEDIA, Karlsruhe
Druck und Verarbeitung: GGP Media GmbH, Pößneck

Printed in Germany

ISBN 978-3-95889-256-9

Die in diesem Buch dargestellten Zusammenhänge, Erlebnisse und Thesen entstammen den Erfahrungen und/oder der Fantasie der Autorin und/oder geben ihre Sicht der Ereignisse wieder. Etwaige Ähnlichkeiten mit lebenden Personen, Unternehmen oder Institutionen sowie deren Handlungen und Ansichten sind rein zufällig. Die genannten Fakten wurden mit größtmöglicher Sorgfalt recherchiert, eine Garantie für Richtigkeit und Vollständigkeit können aber weder der Verlag noch die Autorin übernehmen. Lesermeinungen gerne an feedback@conbook.de

Folgen Sie uns!

Wir informieren Sie gerne und regelmäßig über Neuigkeiten aus der Welt des CONBOOK Verlags. Folgen Sie uns für News, Stories und Informationen zu unseren Büchern, Themen und Autoren.

www.conbook-verlag.de/newsletter
www.facebook.com/conbook
www.instagram.com/conbook_verlag

INHALT

Für meinen Vater, den Geschichtenerzähler,
meine Mutter, die mir andere Geschichten unter die Nase hielt,
und meine Schwester, die an meine Geschichten glaubt:
Ik hebb jo leev.

1 EINE ODE AN DAS MOIN

... UND DER DAMIT VERBUNDENE ABGESANG AUF DAS RESTLICHE DEUTSCHLAND

Obwohl alles flach ist und gleich aussieht und sie den Blick dafür nicht schweifen lassen müsste, tut sie es trotzdem: Kühe, Weide, Kühe, Weide, Weide, Schaf. Der Geruch von Gülle und Morast steigt Sonja in die Nase. Ein Muhen und Mähen untermalt die Szenerie. Der Boden zu ihren Füßen fügt sich zu einem beeindruckenden Mosaik aus Kuhfladen und Gras. Seit Freitagabend wohnt sie in Leer, den gestrigen Tag haben sie und ihre Eltern größtenteils mit dem Umzug verbracht.

Und tatsächlich sieht es hier im Hammrich auch ein wenig leer aus, findet sie bei ihrem morgendlichen Spaziergang. Anders als auf der Schwäbischen Alb, wo Berge aus der Erde brechen und vor den Wolken thronen. Trotzdem wirkt die Weite mit den Halmen, die sich träge im Wind biegen, ähnlich friedlich. Irgendwas jedenfalls hat sie hierhergetrieben.

KLOOKSCHIETER: DER HAMMRICH

Durchzogen von reichlich *Schlooten* und anderen Gewässern steht der Begriff **Hammrich** eigentlich nur stellvertretend für ein großräumiges, aus Weideland bestehendes Gebiet in Ostfriesland. Neben der traditionell landwirtschaftlichen Nutzung der Dorfgrenzgebiete, die sich im Übergang von der Geest zur Marsch befinden, wird die Landschaft heute auch für Windenergieanlagen genutzt, oftmals sehr zum Ärger der Anwohner. Und schwupps – ist das Gebiet damit auch schon der Inbegriff Ostfrieslands.

Für mindestens ein Jahr soll Ostfriesland ihre Heimat sein, weit weg von zu Hause und ihrer Familie. Und von Max, ihrem Freund. Je nachdem, ob der Vertrag beim *Ostfreesen-Blattje* verlängert wird und sie bleiben möchte. Schon als sie noch klein war, hatte sie unbedingt Reporterin werden wollen. Das haben ihr zumindest ihre Eltern erzählt. Als sie dann im Herbst im Internet über die Anzeige der ostfriesischen Lokalzeitung stolperte, musste sie nicht lange überlegen, zumal ein Blick über den Tellerrand ihres Spätzle-Reichs nicht schaden kann, wie sie findet. Und so anders kann es in Ostfriesland nicht sein, immerhin befindet sie sich in Deutschland. Auch wenn es hier gerade schon sehr anders aussieht. Sie blickt vom vermutlich höchsten Punkt weit und breit über die Landschaft: vom Deich.

Ob es Max hier gefallen wird? Da er als Anwalt selbstständig ist und frei über sein Urlaubskontingent verfügen kann, wird er derjenige sein, der die Strecke an den Wochenenden häufiger zurücklegt. Die Besuche sollen aber nicht nur Urlaub sein, sondern der Anfang eines Tests. Er soll entscheiden können, ob er die Menschen hier mag, die Landschaft und die Sitten. Ob er sich vorstellen kann zu bleiben. Irgendwie ist es schon schön hier, findet sie, holt tief Luft und genießt die Ruhe. So schön still ist es auf dem Deich, nur die Brise im Nacken. Na ja, gut, ein bisschen sehr ruhig vielleicht.

Noch immer ist ihr keine Menschenseele begegnet. Bis auf die Kühe scheint es wenig Lebewesen zu geben. Vielleicht ist es für die Zweibeiner noch zu früh, schließlich ist es erst acht Uhr morgens. Vor Aufregung hatte sie es im Bett nicht mehr ausgehalten. Aber doch, ein kleiner Punkt in der Ferne nähert sich ihr. Sie kneift die Augen zusammen. Ein Mensch, in Anbetracht seiner Schnelligkeit vermutlich ein Jogger, kommt auf sie zu.

Das wird sie also: die erste Begegnung mit einem Ostfriesen in der neuen Heimat. Sie richtet sich auf und räuspert sich, als der Jogger nur noch ein paar Meter entfernt ist. »Grüß Gott.« Sie strahlt. »Oder wie man hier zu sagen pflegt: Guten Moin.« Der Jogger, ein Hüne, verlangsamt den Schritt, bis er vor ihr zum Stehen kommt. »Gott? Den hab ich schon lange nich mehr gesehen. Und hier sagt man *Moin*. Guten Moin gibt's nich.« Er schüttelt den Kopf. Etwas, das entfernt einem Lächeln ähnelt, huscht über seinen dünnen Mund. Dann ist der Mann fort. Als Sonja sich gerade zu fragen beginnt, wo sie gelandet ist, verfärbt sich der Himmel. Sturzbachartig klatscht Regen auf den Boden. Bis sie bei ihrem alten Golf ist, hat sich ihre Kleidung um mehrere Nuancen verdunkelt.

KLOOKSCHIETER: WER ODER WAS IST *MOIN?*

Moin ist eine Grußformel, die vor allem im norddeutschen Raum verwendet wird und in Süddeutschland kaum auftaucht. Zwar wird sie mitunter im hanseatischen Raum benutzt und dort auch gern für sich beansprucht, allerdings stammt der Gruß laut Duden (und damit ist es ja wohl offiziell) aus dem Ostfriesischen. Dem Wörterbuch nach findet das *Moin* seinen Ursprung in der plattdeutschen Sprache und kann aus dem Wort *moi* abgeleitet werden. Das bedeutet so viel wie angenehm, gut oder schön. Nahe liegt die Vermutung, dass der kurze Gruß auf die Begrüßung *Moi'n Dag* zurückzuführen ist, was auf Plattdeutsch »schönen Tag« heißt. Aufgenommen wurde der Begriff in den Duden schon in den Achtzigern und gilt somit als allgemein anerkannter Gruß.

Wat'n Mallöör

Die arme Sonja. Zugegeben, den Besucher kann so ein schlichtes *Moin* schon mal irritieren. Wenn es ihn nicht gar brüskiert. Hat er etwas falsch gemacht? War er unhöflich? Wieso ist sein Gegenüber bloß so ruppig?

Tatsächlich hat das *Moin* weniger mit dem Besucher als mit dem Ostfriesen selbst zu tun. Denn *Moin* ist für den Ostfriesen nicht nur ein Wort – es bringt ihn, seine Lebenseinstellung und sein Wesen auf den Punkt. Gemeinsam mit *Jo* und einer Tasse Tee kann der nordwestdeutsche Hüne auf diese Weise Wochen überbrücken. Das *Moin* spiegelt also schlicht und ergreifend wider, dass der Ostfriese kein Freund großer Worte ist. Selten verschwendet er deshalb seine Zeit damit, die Begrüßung der Tageszeit anzupassen und etwa »Guten Morgen«, »Guten Tag« und »Guten Abend« zu unterscheiden oder wie Sonja gar »Grüß Gott« zu sagen. Sein geliebtes *Moin* wirft er zu jeder Tages- und Nachtzeit lässig in den Raum. Mit »Guten Morgen« hat das alles also nichts zu tun. Falls Sie Ihr Gegenüber nicht zum Schmunzeln bringen wollen, lassen Sie das »Guten Moin« lieber sein.

Es soll auch schon vorgekommen sein, dass sich zwei Ostfriesen begegnet sind und nie mehr als *Moin* zueinander gesagt haben. Schrecklich, nicht wahr? Aber denkt der Außenstehende einmal darüber nach – die Ostfriesen ersparen sich so einiges an Phrasendrescherei. Denn selten bleibt es bei einem bloßen Guten Tag. Oft folgt danach die Stille, der quälende Druck, das Gegenüber ohne triftigen Grund oder Willen nach seinen Belangen fragen zu müssen, höflich zu sein. Für einen Ostfriesen kommt das nicht in Frage.

Er macht nichts, was er nicht machen muss. Ein *Moin Moin* oder das *Moinsen*, das gern in Hamburg verwendet wird, sind nichts für ihn. Es wäre Gesabbel. Drum hält er es auch lieber zeitökonomisch: Er begnügt sich mit einem kurzen und knackigen *Moin* und erstickt sogleich jegliche Art von Höflichkeitsfloskeln im Keim. Dabei ist er keineswegs ruppig, vielmehr hat er ein Gespür für die Art des *Moins* entwickelt, für den Tonfall, in dem sein Gegenüber sein *Moin* von sich gibt. Dem Klang entsprechend kann er entscheiden, wie er reagiert. Er hört eben genau hin. Ein bisschen ist es in Ostfriesland also wie in China, wo die Betonung der Silben über die Bedeutung der Wörter entscheidet. Da sag noch einmal einer, die Ostfriesen seien schlicht. Also darauf: eine Ode an das *Moin*.

2 EIN NEUANFANG AM *ENDJE VAN* *WELT*

DAS NIEMANDSLAND ZWISCHEN HOLLAND UND DEUTSCHLAND

Mühlen erheben sich aus dem flachen Land und lassen sanft ihre Flügel kreisen, Deiche werfen Falten in die sonst so ebenerdige Weite, und die Straßen, flankiert von Kanälen, sind auf dem fortwährenden Weg zum Horizont. Genau so hat sie sich das vorgestellt. Am Sonntagmorgen, unterwegs in ihrem alten Golf, der eher einem Kasten als einem winddynamischen Fortbewegungsmittel gleicht, durchpflügt Sonja rumpelnd die ostfriesische Landschaft und genießt die Ruhe, bevor am nächsten Tag die Arbeit losgeht.

Nachdem sie bereits gut zwanzig Minuten damit verbracht hat, vor einer offenen Klappbrücke darauf zu warten, dass die sich wieder schließt, reicht es ihr mit der Ruhe. Ungeduldig trommelt sie mit den Fingern aufs Lenkrad, bis sie mit großen Augen beobachtet, wie ein riesiger Dampfer an ihr vorbeischwebt.

KLOOKSCHIETER: OZEANRIESEN MADE IN GERMANY

Die Kreuzfahrtbranche boomt – mehr Deutsche als je zuvor verbringen auf den riesigen Schiffen ihren Urlaub. Die Meyer Werft, ein in

Papenburg ansässiges Familienunternehmen, ist in punkto Schiffbau federführend. Urlaubern und auch Einheimischen bietet die Überführung der Riesen immer wieder ein Spektakel. Für Ostfriesland ist die Meyer Werft von großer Bedeutung – mit etwa 3.000 Beschäftigten und weiteren Zulieferern stemmt das Unternehmen neben Volkswagen in Emden die meisten Arbeitsplätze in der Region. Trotzdem ist die Werft in Anbetracht der aus dem Schiffbau resultierenden Umweltaspekte nicht unkritisch zu sehen. Seit den Achtzigern werden die Überführungen von Naturschützern kritisiert, da für die Auslieferung der Schiffe das Wasser in einem Teilabschnitt der Ems aufgestaut werden muss, was negative ökologische Folgen mit sich bringt.

Nachdem sich die Brücke wieder geschlossen hat, fährt Sonja los, biegt nach dem Überqueren rechts ab und folgt einem Schild, auf dem in schwarzen Lettern Bingum steht. Als sie der Straße folgt, passiert sie weitere Schilder mit Jemgum, Midlum, Critzum und Hatzum. Wenig überraschend ist es, dass auch das nächste kleine Dorf auf die Silbe um endet: Ditzum.

Sonja kichert. Ob sie statt in Ostfriesland in Gallien gelandet ist? Jetzt färbt Max' Leidenschaft für Asterix und Obelix schon auf sie ab. Aber stünde auf dem nächsten Schild Kleinbonum, würde sie das nicht wundern. Schließlich weigern sich die Ostfriesen auch tapfer, Deutsch zu sprechen – unbeugsam wie das kleine Dorf in Gallien. Jedenfalls hat sie irgendwo gelesen, dass noch gut fünfzig Prozent der Einheimischen Platt sprechen, wobei es offenbar ein starkes Stadt-Land-Gefälle gibt. In Anbetracht der schwindenden Dialekte ein Zeichen des Widerstands. Sonja hofft, dass sie nicht wie die römischen Besetzer im Comic an diesen Eigenarten scheitert. Sie runzelt die Stirn.

Tatsächlich reiht sich nach Ditzum noch Pogum nahtlos ein, bevor sie eine schmale Straße erreicht, die diese Bezeichnung eigentlich nicht verdient hat. Gegenverkehr wäre zumindest unschön, denkt Sonja. Eilig schlängelt sie sich über den Deich hinunter zu einer Betonplattform.

Als sie aussteigt, befindet sie sich auf einer Halbinsel. Der Wind zerrt an ihren Haaren und presst ihr die Klamotten an den Leib. Die Nordsee leckt unter graublauem Himmel an den Pflastersteinen. Hinter ihr rotieren in der Ferne die Blätter von Windrädern, die Silhouetten vermischen sich vor dem Himmel mit flügelschlagenden Wildgänsen. Zwei Sitzbänke und ein Münzfernrohr stehen verlassen am Rande des Plateaus. Von hier aus gibt es nur noch viel Nordsee, bis irgendwann Amerika kommt. Die Sitzbank scheint Sonja wie gemacht für einen Ort der großen Träume. Ein Schild zieht ihre Aufmerksamkeit auf sich, als plötzlich ihr Handy klingelt. Sie zieht die Handschuhe aus und fingert ungelenk nach dem Handy in ihrer Jackentasche.

Das Telefon zwischen Wange und Schulter eingeklemmt, versucht sie sich gleichzeitig wieder die Handschuhe anzuziehen. Mann, ist der Wind eisig. »Ja, hallo?«

»*Moin*, Sonja. Hier ist Grietje.« Ist das nicht ihre neue Kollegin aus Leer?

»Du, ich wollte dich nur einmal persönlich anrufen, um dich hier zu begrüßen und zu sagen, dass es reicht, wenn du morgen um zehn Uhr in der Redaktion in Leer bist. Ich hoffe, du hast dich schon ein wenig eingelebt?« Die Stimme am anderen Ende der Leitung klingt zaghaft, aber freundlich.

»Oh, das ist aber nett von dir, danke. Ja, ich bin gerade schon ein bisschen unterwegs und schaue mir die Gegend an. Wirklich schön ist es hier.« Sonja muss mit ihrer Stimme gegen den Wind ankämpfen. Hoffentlich klingt es nicht für die neue Kollegin, als brülle sie.

»Scheint in jedem Fall windig zu sein.« Grietje lacht. Ups. Vermutlich schreit sie doch. Egal. »Ja, ich bin hier gerade auf der Bohrinsel.«

Am anderen Ende der Leitung herrscht Stille. Verzweifelt sucht Sonja nach einem Small-Talk-Thema. »Also dann braucht ihr die Amis ja nicht mal und habt euer eigenes Erdgas. Cool.« *Heidenei,* wann hat sie das letzte Mal »cool« gesagt? »Aber ist es nicht auch ein bisschen gefährlich, dass die Leute hier einfach so rumlaufen?« Gut. Offene Fragen sind immer gut.

Jetzt lacht ihre Kollegin schallend. »Ähm, Sonja, da muss ich dich enttäuschen – die Bohrinsel heißt nur noch so, gebohrt wird da schon seit '64 nicht mehr.« Dann fügt sie schnell hinzu: »Aber ja, du hast recht, ganz ungefährlich ist es da nicht. Du hast Glück, dass das Wetter heute mitspielt, bei Sturm solltest du da lieber nicht stehen.«

Wat'n Mallöör

Links Holland, rechts Deutschland, einen Meter vor dem Meer – die Fahrt zur Bohrinsel lohnt sich. Bis Amerika ist es zwar noch ein ganzes Stück, allerdings wird Pogum trotzdem das *Endje van Welt* genannt, weil es die nördlichste Stelle des Rheiderlands ist. Die Straße endete hier früher am Wasser, am Mündungstrichter der Ems. 1964 wurden dann in Dyksterhusen, jenem Fleckchen Erde, das lediglich aus einer kleinen Reihensiedlung südlich Pogums besteht, Bohrungen durchgeführt, bei denen man Gas entdeckte. Das Vorkommen war aber so verschwindend gering, dass sich dessen Ausbeutung damals ziemlich schnell als unwirtschaftlich herausstellte. Der Name »Bohrinsel« blieb trotzdem erhalten. Und die Fahrt dahin lohnt sich: Die Halbinsel bietet einen wunderschönen Blick über das ostfriesische Wattenmeer, über Schlick, den weiten Himmel und Wildgänse. Nur sollten Touristen auch das Gefahrenpotenzial erkennen: Schon der Weg zur Bohrinsel ist bei Sturm nicht ungefährlich. Die Fluten holen sich dann die holprige Teerstraße zum Festland zurück, sodass ihnen der Rückweg abgeschnitten werden könnte.

3 LEERER GIBT'S NUR ALS KOMPARATIV

VOM MINENFELD OSTFRIESISCHER STÄDTE UND BÜRGERNAMEN

Das Plätschern von Wasser weckt Sonja am frühen Morgen. Noch halb im Traum denkt sie an Bäche, die von Bergen plätschern, bis ihr einfällt, wo sie ist. Die ersten Sonnenstrahlen des Tages fallen als Lichtpunkte durch die weißen Spitzengardinen, als sie zögerlich ihre Zehenspitzen aus dem Bett schiebt. Sie gähnt herzhaft. Lange hat sie nicht geschlafen. Bis in die Nacht hat sie Kartons ausgepackt, um es sich ein wenig heimischer zu machen.

Wenn aufstehen doch nur einfacher wäre! Müde schlurft sie ans Fenster, um zu sehen, was sie geweckt hat: Ein kleiner Brunnen speit aus schwarz-goldenen Hähnen schon munter Wasser. Die Äste der Zierkirschen im Rathausinnenhof ragen noch kahl und knotig in die Luft. Wie muss das erst im Frühling sein, denkt sie. Der allerdings traut sich noch nicht so ganz heraus. Da haben wir was gemeinsam, denkt sie. Ein Morgenmensch ist sie noch nie gewesen. Die Restkälte des Winters macht es nicht gerade einfacher, das Bett zu verlassen. Zumal es dafür noch viel zu früh ist. Wo ihre geliebte

Kaffeemaschine geblieben ist, weiß der Geier. Jetzt auf die Schnelle noch eine Umzugskiste zu öffnen käme vermutlich dem Öffnen der Büchse der Pandora gleich.

Zum Glück hat sie gestern auf dem Weg vom Deich zurück in ihr Marzipanhäuschen ein kleines Café direkt um die Ecke gesehen. Als sie daran vorbeiging, konnte sie die Kaffeebohnen schon riechen. Das hatte ihr die Befürchtung genommen, in Ostfriesland nur Tee trinken zu können. Wacker zieht sie sich den Mantel an und verlässt das Haus.

Die Kaffeerösterei Baum gleicht mit ihrem Innenleben einem Gemisch aus Industrie und dem Chic von Hamburger Speicherstadt-Cafés. Damit ist sie nicht nur ein wirklich hübsches kleines Café im Herzen der Altstadt, sondern auch ein Ort, an dem Besucher selbst gerösteten Kaffee bekommen. Als sie das erste Mal in Leer war, hat sie in der Innenstadt eine Zweigstelle mit einer gläsernen Rösterei gesehen. Mit dem Rücken zum Hafen liegend und der Front zur gepflasterten Gasse, fällt das Café in der Altstadt auf.

Der Geruch von Kaffee liegt in der Luft, als Sonja das Café mit der beigefarbenen Fassade betritt. Schlagartig regen sich ihre Lebensgeister. Mmh, lecker. Was würde sie nur ohne Kaffee machen? »*Moin*. Ganz schön hip, ihr Leerer. Einen Delfter Blue, bitte.« Sonja unterdrückt ein Gähnen, ist aber stolz, die Lektion von Samstag gelernt zu haben. So schnell sagt sie hier keinem mehr Grüß Gott. Doch wieder scheint sie irgendwas falsch gemacht zu haben, jedenfalls amüsiert sich ihr Gegenüber den funkelnden Augen zufolge prächtig. »Leerer gibt's nur als Komparativ. Wo kommst du denn wech? Zwei siebzig, bitte. To go?« Verschlafen blinzelt Sonja den Kerl hinterm Tresen an. »Wie bitte?«

»Na, to go – *Jasses*, zum Mitnehmen halt.«

»Nee, also ja, schon to go, aber was war das andere?«

Doch als der Barista nachhaken will, hat sich Sonja schon den Delfter Blue vom Tresen geschnappt und mit dem Becher in der Hand und einem Runzeln auf der Stirn den Rückzug angetreten. Verwirrt blickt der junge Mann der schwingenden Eingangstür hinterher. Dann zuckt er mit den Achseln und murmelt eher zu sich selbst: »*Nu proot ik al maal up Engelsk.*«

Wat'n Mallöör

Zwar steppt in Leer nicht gerade der Bär – semantisch gesehen hört da die Gemeinsamkeit Leers mit dem gleichlautenden Adjektiv aber auch schon wieder auf. Leerer als Begriff für die Einwohner von Leer gibt's nicht – zumindest, was Leer in Ostfriesland betrifft. Nicht-Ostfriesen fallen schnell auf, indem sie bei den Bewohnern Leers von Leerern und nicht, wie es richtig ist, von Leeranern sprechen. Ein Fettnäpfchen, das bei den Bürgern aus Weener ebenfalls droht: Auch hier heißt es Weeneraner. Trotzdem handelt es sich bei diesem Fettnäpfchen um ein zumindest sehr nachvollziehbares, denn die Ostfriesen stiften in ihrer Inkonsequenz ordentlich Verwirrung: Bei den Bewohnern Emdens spricht man nämlich von Emdern und nicht von Emdenern oder Emderanern, ebenso heißt es Norder bei den Bürgern Nordens und auf gar keinen Fall Nordener – *wat'n Mallöör*.

4 NICHT ALLE, DIE IM NORDEN LEBEN, LEBEN AUCH IN NORDEN

… UND WER VON NORDEN AUS NACH SÜDEN FÄHRT, FÄHRT NACH NORDEN

Zur Begrüßung der neuen Mitarbeiter haben die Kollegen sich in größerer Runde versammelt. Leider scheint Sonja der einzige Neuzugang zu sein. Da stehen sie nun, die neuen Kollegen, und begutachten sie, die Süddeutsche. Sie stehen in der Teeküche, die genau so und nicht etwa Kaffeeküche genannt wird, im Halbkreis um sie herum und mustern sie von Kopf bis Fuß, als wäre sie das auserkorene Objekt einer Studie über eine neue Spezies. Dabei sind sie diejenigen, die pro Kopf schon eine halbe Kanne Tee intus haben, das hat Sonja genau gesehen. Und dankbare Small-Talk-Partner sind sie auch nicht, eher die Sorte harter Brocken. Mehr als ein *Moin* und ein paar *Jo* hat sie noch nicht herausbekommen – und das als angehende Journalistin. Immerhin, die eine Kollegin, die sich ihr als Grietje vorgestellt und sie rumgeführt hat, ist ein wenig redefreudiger. Zumindest schien das Eis gebrochen, als Sonja von ihrem geliebten Golf erzählte.

KLOOKSCHIETER: DER OSTFRIESE UND SEIN VW

Seit den Sechzigern produziert Volkswagen in der ostfriesischen Hafenstadt Emden. Als westlichster Seehafen Deutschlands hat der Standort durchaus seine Vorzüge, vermutlich aber baute VW das Werk auch wegen der massiv hohen Arbeitslosenquote in Ostfriesland. Um die 9.000 Mitarbeiter beschäftigt das Werk heute – für eines der Industrielöcher Deutschlands ein Segen. Heute kennt jeder in Ostfriesland jemanden, der bei VW arbeitet oder gearbeitet hat und sich zumindest in den Ferien am Band etwas dazuverdient hat. Das zeigt zugleich die starke Abhängigkeit von den großen Arbeitgebern. Der VW-Skandal sitzt den Ostfriesen noch schwer in den Knochen, nicht umsonst gilt der Spruch: »Wenn VW hustet, bekommt Ostfriesland eine Lungenentzündung.«

Und da stehen sie nun und machen nichts, außer sie anzugucken. Wie die Schafe von ihrem Deich, denkt sie. Das kann so nicht weitergehen, ihr wird schon ganz warm vor Verlegenheit. Sie räuspert sich. »Wo wir gerade schon so nett beisammenstehen – woher kommt ihr denn eigentlich so?« Offene Frage, das kann nicht schiefgehen, denkt sie. Doch kurz und knapp, als hinge das Leben davon ab, gibt einer nach dem anderen zwischen Teeschlucken seine Antwort ab.

»Leer«, sagt ein schon etwas älterer Herr, zeigt auf Grietje und sich und stellt sich als Dieter vor. Leer, das kennt sie immerhin ein wenig. Freundlich nickt Sonja ihm zu und schaut die Nächste in der Runde an: eine Frau, die sie um die vierzig schätzt, mit einer eckigen schwarzen Brille und knallpinkem Lippenstift. »Aurich«, sagt die jetzt. »Leevke.« Merkwürdiger Name, findet Sonja, als der Mann neben der Dame schon mit einem anderen denkwürdigen

Namen fortfährt. »Okko aus Emden. Nich mit Otto aus Emden zu verwechseln.« Sonja lacht. »Das kann ich mir jetzt gut merken.« Dann wendet sie sich dem Letzten im Kreis zu, einem anderen Volontär, wie sie vorher heraushören konnte. »Und wer bist du und in welcher Redaktion arbeitest du?«, fragt sie den schlaksigen Kerl mit der zerzausten Frisur. »Enno. Ich wohne im Rheiderland, fahre aber jeden Tag bis nach Norden.« Irritiert schaut Sonja ihn an. Immerhin hat sie nach der Stadt gefragt, nicht nach der Himmelsrichtung. Vielleicht wollte er testen, ob sie dranbleibt. »Okay«, sagt sie entschlossen, nicht lockerzulassen. »Die grobe Himmelsrichtung habe ich im Kopf. Aber in welcher Stadt arbeitest du genau?«

Die anderen schnauben in ihre Teetassen, während Grietje betont beiläufig sagt: »Du, also das weißt du wahrscheinlich schon, aber bei uns gibt's auch eine Stadt namens Norden.«

Wat'n Mallöör

Jo. Norden (plattdeutsch ausgesprochen: Nörden) ist nicht nur eine Himmelsrichtung, sondern auch eine der ältesten Städte Ostfrieslands. Ihren Namen schuldet sie vermutlich der Tatsache, dass sie die nordwestlichste Stadt auf dem deutschen Festland ist.

KLOOKSCHIETER: FÜNF FAKTEN ZUM SPEEDDATING MIT NORDEN

1. Eine sechs Meter hohe Schnapsflasche ist eines der Denkmäler Nordens. Vor einer historischen Mühle stehend, erinnert die Statue an die 1806 gegründete Spirituosenfirma Doornkaat, die einst zu den wichtigsten Arbeitgebern Nordens zählte. Den Standort hat die Firma längst geschlossen, nur das skurrile Überbleibsel mit dem angelaufenen Etikett zeugt noch von den guten alten Zeiten.

2. Im Herzen Nordens befindet sich der größte Marktplatz Deutschlands. Umgeben von stattlichen Bürgerhäusern und der größten Kirche Ostfrieslands, der Ludgerikirche, bietet er mit seinen zur Stadtgröße völlig unverhältnismäßigen 6.678 Hektar Platz für (reichlich) Veranstaltungen.
3. Wer von Norden nach Süden fährt, fährt nach Norden. Ja, ganz richtig gelesen. Denn so wie es die Stadt Norden gibt, gibt es auch die Stadt Süden – in Schleswig-Holstein. Sie liegt somit nördlicher als Norden selbst.
4. Fast alle Glasfaserkabel Deutschlands beginnen in Norden. Das längste Kabel führt über 38.000 Kilometer nach Australien und Japan.
5. Im Jahr 1800 gab es in Norden stolze 24 Kornbrennereien. Eigentlich verständlich in Anbetracht der steifen Brise, die den Ostfriesen an der Küste entgegenschlägt. Irgendwie müssen sie sich ja warmhalten.

5 DAS PLATTE LAND

... UND SEINE KLARE, DEUTLICHE UND FÜR JEDERMANN VERSTÄNDLICHE SPRACHE

Der Bürgermeister der Stadt Weener, Herr Werner Wolkenberg, hat zur Pressekonferenz einberufen. Seit einer halben Stunde sitzt Sonja deshalb in ihrem alten Golf. Und seit einer halben Stunde ist noch immer keine Kurve in Sicht. Aufregend ist das Autofahren in Ostfriesland nicht. Auf dem Weg zu ihrem ersten Termin fährt sie mitten durch die Natur, überall sind Felder. Zumindest kennt sie den Weg schon ein bisschen von ihrem Ausflug zur Bohrinsel.

Ein bisschen mehr Ablenkung wäre trotzdem nicht verkehrt. Sie drückt auf den Radioknopf. Sie möchte sich gut machen bei ihrem ersten Termin fürs *Blattje*. Gerade als Lokalreporterin muss sie mit den Leuten auskommen, das ist ihr klar. Ohne Menschen keine Geschichten. Sie fährt mit der rechten Hand über ihr linkes Schlüsselbein, wie immer, wenn sie aufgeregt ist. Um auf keinen Fall zu spät zu kommen, hat sie mehr Zeit eingeplant und ihren heiß geliebten Morgenkaffee weggelassen. Na ja, und auch weil die Kaffeemaschine noch eingepackt und ihr der Ausrutscher mit den Leerern nach wie vor peinlich ist. Lieber lässt sie noch ein wenig Zeit verstreichen, bevor sie den Laden wieder betritt. Dementsprechend ist sie zwar grimmig, kann dafür aber bei Morgenlicht die Jann-Berghaus-Brücke passieren. Zu ihrer rechten und linken Seite lässt die Sonne bereits die ersten Lichtreflexe durch die Wellen tauchen. Wie sie so über das Wasser fährt, merkt sie, wie sie langsam ein wenig ruhiger wird.

Nachdem sie noch reichlich Ackerland hinter sich gelassen hat, hält Sonja in Weener angekommen an. Die Kamera um den Hals, einen kleinen Notizblock in der Hand, macht sie sich auf den Weg. »Mach dir man nicht so einen Kopp, die Rheiderländer sind tiefenentspannt«, hat ihre Kollegin Grietje in der Redaktion noch gesagt. Sonja hingegen schien weniger entspannt ausgesehen zu haben, jedenfalls fügte die neue Kollegin nach einem Blick auf ihr Gesicht schnell ein »Tee?« hinzu. Doch dafür hatte sie leider keine Zeit mehr gehabt. Ein wenig neugierig ist sie mittlerweile schon, immerhin hat sie in der Redaktion nur wenige Kaffeetrinker getroffen.

Na ja, denkt Sonja jetzt, als sie an alten Backsteinhäusern vorbeiläuft, Grietje kommt auch aus dem Rheiderland. Da sorgt man sich bestimmt nicht darum, wie die Leute einen aufnehmen, immerhin kennt man die Gesichter schon sein ganzes Leben lang.

KLOOKSCHIETER: WEENER – KLEINOD IM TIEFSCHLAF

Weener liegt in der historischen Region Rheiderland ganz im Nordwesten Deutschlands und befindet sich linksseitig der Ems. Mit 15.500 Einwohnern ist es halb so groß wie Leer. Bedingt durch die Grenzlage sind 4,4 Prozent der Bewohner Niederländer. Der Alte Hafen in Weener ist mit seinen pittoresken Häuserzeilen ein echtes Kleinod und Zeugnis der einstigen wirtschaftlichen Bedeutung der Kleinstadt. Bier, Butter und Schnaps wurden von dort verschifft. Die ehemaligen Speicher, die mittelständigen Bürgerbauten und die Kleine-Leute-Häuser im Herzen der Stadt sind glücklicherweise gut erhalten geblieben. Heute dienen die Anlegestellen in Weener aber weitestgehend als Freizeithafen und sind beliebte Heimat verschiedenster Schiffe. So legen auch Traditionsschiffe an, die während der Saison sogar aus dem europäischen Ausland anreisen. Auch Sportbootfreunde kommen auf ihre Kosten: Mit 40.000 Quadratmetern ist der Sportboothafen ein kleines Paradies. Trotzdem hat die Stadt ihre Blütezeit hinter sich. Denn obgleich der Phoenix im Wappen der Stadt den Wiederaufstieg der Stadt nach dem Dreißigjährigen Krieg symbolisiert und der Bootstourismus ein wichtiges Standbein darstellt, ist die Innenstadt leer. Nur wenige Geschäfte sind dort noch zu finden.

Wo genau war das Rathaus noch, was hatte Grietje gesagt? Durch die Einbahnstraßen bei der Einfahrt in den Ortskern hat Sonja glatt die Orientierung verloren, ihr Internet muss sich mit Erreichen des Rheiderlands verabschiedet haben. Besser sie fragt nach, bevor sie am Ende doch zu spät kommt. Zum Glück kommt ihr eine ältere Dame entgegen. Sonja geht eilig auf sie zu. »Entschuldigen Sie bitte, können Sie mir sagen, wo ich das Rathaus finde? Ich komme nicht von hier, habe aber gleich einen wichtigen Termin und bin spät dran.«

Was dann folgt, ist beim besten Willen nicht zu verstehen. Mit offenem Mund schaut Sonja der Frau beim Reden zu, vernimmt die Laute, sieht und hört, wie die Dame ihr Auskunft gibt, und versteht doch kein Wort. »*Löppt?*«, schließt die Frau ihren Monolog, als sei alles klar.

Ein kurzer Moment verstreicht, bis Sonja bemerkt, dass es sich dabei um eine Frage gehandelt haben muss. Tapfer nickt sie: »Äh, ja, bestimmt.«

Immerhin hat die Frau zwischendurch gestikuliert, sodass sie zumindest die grobe Richtung erfahren hat. Sie fühlt sich wie der arme Postbote, der in der Komödie *Willkommen bei den Sch'tis* in den französischen Norden strafversetzt wird und den ersten Mann, der ihm dort begegnet, fragt, ob ihn sein Kiefer schmerze. Nur, dass das hier keine Komödie, sondern mindestens ein Jahr lang ihr Leben ist. Sie seufzt und geht in die Richtung, in die die Frau ihren Arm geschleudert hat.

Schließlich findet sie das Rathaus noch halbwegs zeitig. Herr Wolkenberg winkt bei ihrer Entschuldigung nur ab und bittet sie freundlich herein.

Zurück in der Redaktion geht ihr die Frau nicht aus dem Kopf. Ein wenig ausladend war der Oberkiefer der Frau schon, wenn sie so länger drüber nachdenkt, vielleicht war das Verständnisproblem also ein Anatomisches. Sie hört auf zu tippen und sieht von ihrem Bildschirm zu Grietje, die ihr gegenüber am Platz sitzt. Wie soll sie das nur anfangen? Schließlich schildert sie ihr die Situation. »Ich sag's dir, kein einziges Wort habe ich verstanden. Urlaute waren das, die da aus dem Mund purzelten. So etwas habe ich noch nie gehört.« Dann fügt sie zaghaft hinzu: »Grietje, irgendwie war der Oberkiefer der Frau so ausladend, meinst du, die hatte vielleicht unten keine Zähne mehr?«

Da lacht die Kollegin schallend los. »Das kann ich zwar nicht beurteilen, das behaupten aber mehrere Besucher übers Rheiderland. Ich glaube aber eher, dass du gerade zum ersten Mal Platt gehört hast.« Als sie sich beruhigt hat, fügt sie hinzu: »Herrlich. Na, immerhin hast du nicht geglaubt, die Frau hätte Holländisch gesprochen. Der festen Überzeugung soll nämlich der letzte Volontär aus dem Süden gewesen sein. Hat mir zumindest Jantje erzählt, eine alte Kollegin.«

Sonja bekommt große Augen. »Wie lange ist es denn her, dass ihr hier jemanden aus Süddeutschland hattet? Und das soll Platt gewesen sein?« Sie rauft sich die Haare. »Also ehrlich, ihr habt einen Dialekt, da ist Schwäbisch Hochdeutsch gegen.«

Da runzelt die Kollegin die Stirn. »Hm, ich glaube, das muss so vor fünfzehn Jahren etwa gewesen sein. Soll sich nicht so gut eingelebt haben.«

Sonja reibt sich übers Schlüsselbein.

»Aber jetzt zum Platt«, fährt Grietje fort, die nicht mitbekommen zu haben scheint, dass Sonja ein wenig blasser geworden ist. »Erstens ist Platt eine Sprache und kein Dialekt. Ostfriesisches Platt wäre der dazugehörige Dialekt, das muss man schon differenzieren. Zweitens sind wir da ganz schön stolz drauf, immerhin bemühen wir uns auch stark darum, unser Platt zu erhalten«, erklärt sie. »Und der Vergleich Schwäbisch und Hochdeutsch hinkt auch ein bisschen, wenn du mich fragst. Wir wollen mal keine Äpfel mit Birnen vergleichen«, schießt Grietje die nächste Salve ab. »*Koppke* Tee? Hattest bestimmt noch nie eine vernünftige *Teetied.*«

»*Koppke? Teetied?* Was ist das schon wieder?«, fragt Sonja und sinkt in sich zusammen.

»Oh, entschuldige. *Koppke* heißt auf Platt eine Tasse Tee!«, erklärt Grietje lauter, wobei sie davon auszugehen scheint, dass das Verständigungsproblem auf Sonjas schlechte Ohren zurückzuführen ist. Dann tätschelt sie Sonja im Vorbeigehen die Schulter. »Und die *Teetied* zeig ich dir jetzt. Dat wird schon noch, *mien Leev.*«

»Leif, ja, nee, isch recht.« Sonja schnauft. Und sie ist doch bei den Sch'tis gelandet.

Wat'n Mallöör

Entgegen der vorliegenden Situation soll Plattdeutsch laut frühestem Beleg, einer 1524 gedruckten Delfter Bibel, »in goede(n) platten duytsche«, also »klar, deutlich, jedermann verständlich« sein. Dass es eben für jedermann verständlich war, führte Ende des 17. Jahrhunderts auch zur Stigmatisierung des Niederdeutschen. Immerhin wollten sich die Gebildeten exklusiv unterhalten können, weshalb das Hochdeutsche als Akademikersprache galt und Platt als Sprache des Pöbels. Hinzu kamen Umstände wie der Wechsel der Kirchensprache ins Niederländische und dass die Preußen nach dem Tod des letzten ostfriesischen Grafen die ostfriesische Verwaltung übernahmen und des Plattdeutschen nicht mächtig waren.

Bis heute wird immer wieder behauptet, dass Platt mehr Mundart als eigene Sprache ist. Das ist allerdings nicht der Fall (worauf viele Ostfriesen auch Wert legen). Denn worüber sich Linguisten lange Zeit stritten, wurde Ende des 20. Jahrhunderts offiziell geklärt: Mit der Aufnahme in die europäische Charta der Regional- und Minderheitensprachen wurde Plattdeutsch international als Sprache anerkannt.

Hervorgegangen aus dem Mittelniederdeutschen, liegt Platt sprachhistorisch betrachtet sogar näher am Englischen als am Hochdeutschen. Immerhin hat das Niederdeutsche mit der englischen Sprache gemein, dass beide die sogenannte zweite Lautverschiebung aussetzten – also die regelhafte Umwandlung bestimmter Konsonanten in andere, wie etwa das t in das s bei *water*. Was im Hochdeutschen seitdem Wasser heißt, ist im Plattdeutschen und Englischen gleichgeblieben.

Gesprochen wird das ostfriesische Niederdeutsch, also der ostfriesische Dialekt, wie auch das Oldenburger Platt streng genommen einer ist, in ganz Ostfriesland. Dazu zählen die Landkreise Aurich, Leer, Wittmund und die kreisfreie Stadt Emden, ebenso die Ostfriesischen Inseln. Verglichen mit anderen Regionen hat das Plattdeutsche hier in Ostfriesland noch einen hohen Stellenwert. Seine Verwendung variiert aber. So wird Platt im ländlichen Raum häufiger gesprochen und vorwiegend von älteren Menschen. Bei jüngeren Ostfriesen nimmt der Anteil der Plattsprecher stark ab. Kulturelle Institutionen wie die Ostfriesische Landschaft oder der Verein *Oostfreeske Taal* versuchen den Verfall der Sprache mithilfe von Projekten aufzufangen. Platt soll Teil der ostfriesischen Identität bleiben. So wird in 60 Kindergärten Ostfrieslands mitunter Plattdeutsch gesprochen. Zudem gibt es jährlich im September den *Plattdüütskmaant* – den Plattdeutschmonat. Dann wird in ausgesuchten Betrieben jeweils einen Tag lang Platt gesprochen. Außerdem finden etliche Veranstaltungen wie Lesungen statt, um die Sprache zu fördern.

Die Tourismusbranche setzt die Sprache gezielt ein, um Ostfriesland als Auszeit von der beschleunigten Welt zu vermarkten – eine geruhsame Region, in der mit einem Spruch *up Platt* und einer Tasse Tee nichts schiefgehen kann.

6 HUNNERT!

ASTREIN INS FETTNÄPFCHEN GEHÜPFT

Als Sonja die Tür aufmacht, schlägt ihr der Geruch von neuen Büchern entgegen. Nichts riecht so schön wie frisch bedrucktes Papier, findet sie. Aber sie mag es ja auch, wenn es an der Tankstelle nach Benzin riecht, und schnuppert an jeder Blume. Max macht sich gern darüber lustig. Jedenfalls hat sie im Internet gelesen, dass der ehemalige Besitzer der Buchhandlung auch einen Verlag gegründet hat, der sich besonders dem Niederdeutschen widmet. Deshalb erhofft sie sich von ihrem Besuch, etwas Licht ins Dunkel bringen zu können. Immerhin überlegt sie, in Leer ihre neue Heimat zu finden. Das gelingt vermutlich besser, wenn man die Leute versteht.

KLOOKSCHIETER: DIE BUCHHANDLUNG SCHUSTER

Von seinem Vater Theodor Schuster, der das Geschäft 1929 gründete, übernahm Theo Schuster die größte Buchhandlung in Leer, die er gemeinsam mit seiner Frau führte. Nachdem er die Buchhändlerlehre abgeschlossen hatte, arbeitete er zeitgleich als Verleger niederdeutscher Literatur. Dafür kooperierte er unter anderem mit dem Bremer Institut für niederdeutsche Sprache und betreute Buchveröffentlichungen, darunter plattdeutsche Wörterbücher. Für seine regionalsprachliche verlegerische Arbeit wurde Theo Schuster mehrfach ausgezeichnet. Er starb 2016. Die Buchhandlung und den Verlag führt seine Frau heute noch. Hier finden Bücherwürmer einen Händler, der auch lokale Lektüre bietet.

Sonja sieht sich um. Die Buchhandlung strahlt Ruhe aus. Zwei Buchhändlerinnen schwirren leise im Hintergrund herum und helfen erst, sobald ein Kunde Fragen hat. Nach dem hektischen Arbeitstag genau das Richtige. Sie geht ein paar Treppenstufen hoch in den hinteren Bereich der Buchhandlung und wird fündig: lokale Bücher, die ihr hoffentlich weiterhelfen. Sie durchstöbert die Bücherreihen, als sie über einen Titel stolpert. »*Erdmantjes*, was soll das denn sein?«, murmelt sie gedankenverloren. Als Erstes kommen ihr die kleinen süßen Tierchen in den Kopf, die in aufgeweckter Haltung die Welt erkunden. Aber was haben die bei den Ostfriesen zu suchen? Hilfesuchend dreht sie sich um. Gerade noch hat sie eine ältere Frau zwischen den Regalen gesehen.

»Die *Erdmantjes* sind Figuren der friesischen Mythologie«, kommt es dumpf hinter den Bücherwänden hervor. Dann ragt der Kopf der Händlerin zwischen den Reihen hervor. »Albrecht Janssen verfasste nach der Sage das gleichnamige Märchen. Demnach bewachten die kleinen Kerlchen im Leeraner Plytenberg in einem wunderschönen marmornen Schloss einen verloren gegangenen Schatz. Bei Not suchten die Leute den Hügel auf und baten die *Erdmantjes* um Hilfe. Mit den Tieren haben sie aber wenig gemein.«

Die Frau, die eben noch zwischen den Regalen war, steht jetzt neben ihr. Sie zwinkert ihr zu, als hätte sie ihre Gedanken gelesen. Sonjas Wangen färben sich rot.

»Kann ich Ihnen behilflich sein oder möchten Sie in Ruhe weiterstöbern?«, fragt die Dame und lächelt sie freundlich an.

»Oh, das wäre sehr nett. Ehrlich gesagt, weiß ich wirklich nicht, wo ich anfangen soll. Hier gibt es so viel Auswahl. Eigentlich suche ich nur ein Plattdeutsch-Wörterbuch.«

»Suchen Sie denn eines fürs Niederdeutsche im Allgemeinen oder fürs ostfriesische Platt?« Die Verkäuferin schaut sie wartend an.

»Äh, fürs ostfriesische, bitte.« Nicht dass sie sich nachher mit einem Wörterbuch fürs Niederdeutsche verschanzt, das in einer ganz anderen Region gesprochen wird, und damit den nächsten Fauxpas landet.

Die Frau nickt. »Dann würde ich Ihnen das empfehlen.« Sie greift nach einem Buch mit lilafarbenem Einband. »Das ist von Jürgen Byl und Elke Brückmann und umfasst 7.000 Stichwörter.«

Sonja schnaubt. »7.000! Ich wäre ja mit zehn erst mal zufrieden. Aber immerhin kann ich damit einiges nachschlagen.« Sie blättert durch ein Exemplar und seufzt. »Ich glaube, das nehme ich.«

Die Verkäuferin lacht. »Glauben Sie mir, alle kennen auch in Ostfriesland die wenigsten. Tüte, *mien Leev?*« Geschäftig läuft sie zum Tresen.

»Ja, hun-dert.« Sonja sieht von dem Buch auf und grinst stolz.

Die Frau dreht sich mit einem amüsierten Funkeln in den Augen um. »Na, mal nicht gleich übermütig werden, eine Tüte wird auch reichen«, sagt sie.

Sonja stutzt und gerät ins Schlingern. »Nee, also ich meine schon hun-dert, also nicht die Anzahl an Tüten, sondern den ostfriesischen Ausruf, der hier steht, das sagt man doch so. Oder etwa nicht?« Sie stöhnt. Das kann noch heiter werden.

Die Frau blickt Sonja verständnislos an, bevor sich ihre Miene aufhellt. »Ach, Sie meinen *hunnert!* So wie astrein!« Jetzt schmunzelt sie. »Gute Frau, tun Sie sich den Gefallen, gucken Sie sich Plattdeutsch lieber erst mal nur fürs Verständnis an, das Sprechen ist noch etwas völlig anderes. Da kann man als Nicht-Ostfriese eigentlich nur ins Fettnäpfchen treten.«

Wat'n Mallöör

Wenn Nicht-Ostfriesen versuchen, Platt zu sprechen, fällt das schnell auf. Die Laute stimmen meist hinten und vorne nicht oder es klingt einfach hölzern – wie Hochdeutsch. Der Versuch allein löst bei Ostfriesen oft Amüsement aus. Ein wenig erinnert es an den oft eher missglückten Versuch deutscher Urlauber im Ausland, Fremdsprachen richtig auszusprechen, oder an die Ansage der Deutschen Bahn: »Sänk ju vohr träweling wis Deutsche Bahn.«

Richtig flüssig sprechen auch nur diejenigen ostfriesisches Platt, die damit von Kindesbeinen an vertraut sind. Das heißt nicht, dass es unmöglich ist, es zu lernen. Die Aussprache zu erlernen, ohne je jemanden auf Platt gehört zu haben, ist aber wenig von Erfolg gekrönt. Zumal sich Platt regional unterscheidet. Das Platt, das in Leer gesprochen wird, lässt sich nicht unbedingt mit dem in Aurich vergleichen. Bereits die Schreibweise variiert, von der Aussprache mal ganz abgesehen.

Wer trotzdem Freude am Lesen auf *Plattdüütsk* hat, der findet genügend Lektüre. So gibt es beispielsweise auch Klassiker wie *Der kleine Prinz* von Antoine de Saint-Exupéry in der ostfriesischen Version. Da heißt es dann: *De lüttje Prinz*. Diejenigen, die sich den Klang der ostfriesischen Sprache vor ihrer Reise schon mal zu Gemüte führen wollen, können sich auch bei Youtube den Wittmunder Keno Veith anschauen. 2017 landete er einen viralen Hit – indem er auf astreinem Platt erzählte, wie er mit seinem Trecker bei der Maisernte stecken blieb. Warum der im Morast stecken blieb? Natürlich weil es so viel geregnet hat.

7 DAS KLEINE VÖLKCHEN IM ENTLEGENEN NORDWESTEN DER REPUBLIK

ODER AUCH: OSTFRIESLAND LIEGT IM WESTEN FRIESLANDS

Sonja starrt auf das schwarze Telefon auf ihrem Schreibtisch. Sie ist noch keine fünf Tage da, und schon bittet der Chef sie für ein Gespräch in sein Büro. Ob ihr Artikel schlecht war? Sie fasst sich an den Hals und reibt sich das linke Schlüsselbein unter dem zitronengelben Pullover. Nein, sagt sie sich. Bestimmt möchte er sie nur richtig willkommen heißen. Immerhin war er bislang im Urlaub und hat sie noch nicht in Empfang nehmen können. Entschlossen steht sie auf, ohne zu bemerken, dass ihre Kollegin Grietje ihr stirnrunzelnd nachblickt. Mit schnellen Schritten verlässt sie das Büro und macht sich eilig auf den Weg zu ihrem neuen Chef.

Auf dem Weg dorthin kommt sie an Kollegen vorbei, die sie allesamt, ob männlich oder weiblich, um einige Kopflängen überragen.

Vermutlich weil sie so viel Platz zum Wachsen haben, denkt sie, so weit, wie in Ostfriesland der Himmel über den Köpfen zu sein scheint. Vielleicht liegt es aber auch an dem Tee, den sie schon mit der Muttermilch aufsaugen. Die anderen Redakteure trinken Tee wie am Fließband. Der Zaubertrank der Ostfriesen – vielleicht ist sie doch in Gallien gelandet und nicht bei den Sch'tis. Ein bisschen verschroben sind die anderen schon. Sie kichert und rennt dabei geradewegs in ihren neuen Chef, der sie eingehend mustert.

»Was gibt es denn zu lachen, Frau Häberle?« Mit hochgezogenen Augenbrauen schaut er sie durch seine runden Brillengläser fragend an.

Sonjas Hand wandert zu ihrem Schlüsselbein. »Äh, nichts. Also es gibt schon etwas zu lachen, nur nichts Spezielles, jetzt gerade, also in diesem Moment«, verhaspelt sie sich. Sie sammelt sich. »Ich war eigentlich auch gerade auf dem Weg zu Ihnen. Sie haben um ein Gespräch gebeten?« Ängstlich schaut sie ihn an. »Stimmt etwas nicht mit dem Artikel über die Werft?«

Ihr Chef winkt ab und reibt sich das Kinn. »Mit dem Artikel ist alles in bester Ordnung, wunderbare Geschichte, Frau Häberle, erfrischend, will ich meinen, nur eine Kleinigkeit möchte ich Ihnen dazu sagen.« Bei dem Wort Kleinigkeit drückt er Zeigefinger und Daumen zusammen, schnipst und macht auf dem Absatz seiner schwarz besohlten Anzugschuhe kehrt.

Vermutlich war das ihr Kommando, ihm zu folgen. Eilig läuft sie ihm hinterher, bis er in seinem Büro vor einer leicht vergilbten Landkarte stehen bleibt. Also doch. Sonja sinkt in sich zusammen.

Mit verschränkten Armen mustert ihr Chef die Karte und schmunzelt, als er danach ihr Gesicht sieht. »Aber Frau Häberle, nun schauen Sie doch nicht so, als befänden Sie sich auf dem Weg zum Schafott. Ich möchte Ihnen nur kurz etwas erklären.«

In diesem Moment hat er wirklich etwas Oberlehrerhaftes an sich. Er hebt seinen Zeigefinger und fährt damit über die Karte. »In Ihrem Bericht schreiben Sie von Ost-Friesland, Frau Häberle. Wir sind hier aber nicht in Ost-Friesland.« Wieder guckt er sie über den goldenen Rand seiner Brillengläser mit einem Funkeln in den Augen an.

»Nicht? Aber Otto kommt doch aus Emden, und der ist Ostfriese«, sagt sie langsam und fühlt sich spätestens jetzt zurückversetzt in die Schule.

Ihr Chef fährt mit dem Finger über die Landkarte, die sie nun als Ostfriesland erkennt oder zumindest als Ostfriesland zu erkennen glaubt, weiter nach rechts gen Osten. »Wo sind wir hier?« Erwartungsvoll schaut er sie an.

Ihr Schlüsselbein muss mittlerweile die Farbe einer reifen Tomate haben. »Im Osten Ostfrieslands? Ich komme nicht mehr mit.« Irgendwie schwant ihr, dass gleich etwas völlig Bescheuertes kommt.

»Herrlich«, sagt ihr Chef und reibt sich die Hände, wobei er sie an Rumpelstilzchen erinnert, das ums Feuer tanzt. »Ostfriesland, also die Region, in der Sie nun arbeiten und leben und über die Sie geschrieben haben, liegt westlich von Friesland. Sie haben in der Ortsangabe im Text übrigens von Ost-Friesland, also Ostfriesland mit Bindestrich gesprochen.« Beim letzten Ostfriesland betont er überdeutlich jede Silbe, bevor er ihr den Todesstoß versetzt. »Das macht hier kein Mensch.«

Stirnrunzelnd schaut Sonja ihn an. »Okay. Verstehe«, sagt sie gedehnt und denkt dabei nur eins: Die spinnen, die Ostfriesen.

Wat'n Mallöör

Ganz einfach: Ostfriesland liegt westlich von Friesland. Oder doch nicht so einfach? Am besten, wir fangen von vorne an. Als Frieslande werden im Allgemeinen die Siedlungsgebiete der Friesen bezeichnet, die sich entlang der deutschen und niederländischen Nordseeküste erstrecken. Insgesamt werden die Frieslande in drei Gebiete unterteilt: das niederländische Friesland, das östliche Friesland und Nordfriesland, worunter die schleswig-holsteinische Region um die Insel Helgoland fällt. Die geografische Beschreibung für das östliche Friesland (Ost-Friesland) ist der Grund dafür, warum es um den Begriff Ostfriesland herum reichlich Missverständnisse gibt. Ost-Friesland ist mitnichten gleichzusetzen mit Ostfriesland.

Nach landläufiger Meinung wird der Begriff Ostfriesland gern großzügig verwendet und impliziert dann neben dem eigentlichen Ostfriesland (ohne Bindestrich) auch den Landkreis Friesland und die Stadt Wilhelmshaven sowie je nach Lesart auch noch das Ammerland. Das ist in vielerlei Hinsicht nicht korrekt. Denn die Bewohner Ostfrieslands, die teetrinkenden Hünen aus dem Norden, sind aus deren Sicht nur jene, die aus den Landkreisen Aurich, Leer und Wittmund sowie aus der kreisfreien Stadt Emden stammen – oder von den Ostfriesischen Inseln (siehe Seite 201–204). Zumindest von fast allen Ostfriesischen Inseln. Denn die Insel Wangerooge ist zwar bedingt durch die geografische Lage ebenfalls den Ostfriesischen Inseln zugehörig, zählt politisch gesehen aber zum Oldenburger Friesland. Die Grenzen Ostfrieslands (abgesehen von Wangerooge also) verlaufen jenseits von Wittmund in der Nähe von Westerstede bei Oldenburg und unterhalb von Leer.

Wilhelmshaven und Jever, Letzteres vor allem bekannt für sein Bier, zählen nicht zu Ostfriesland – dafür aber zu Ost-Friesland, was übrigens auch ein Kunstbegriff ist, der sich nie richtig hat durchsetzen können. Wenn sich die Einwohner der beiden Kommunen Jever und Wilhelmshaven nicht als Friesländer, Friesen oder Wilhelmshavener betiteln, liegt der Schwerpunkt bei der Betonung ihrer Herkunft übrigens meist eher auf dem Oldenburgischen. Ansonsten wird die Region auch als ostfriesische Halbinsel bezeichnet.

Aber um noch eine Schippe draufzulegen: Als Friesland wird nicht nur das oben aufgeführte Gebiet bezeichnet, sondern auch ein Landkreis namens Friesland. Den Namen Friesland wiederum verdankt der Landkreis seiner Lage im friesischen Teil Oldenburgs. So kommt es zu der noch verwirrenderen Tatsache, dass sich Friesland, also der Landkreis Friesland, östlich von Ostfriesland befindet und Ostfriesland sich, wie eingangs erwähnt, westlich von Friesland (zumindest von dem Landkreis). Die Trennungslinie zwischen

Ostfriesland und dem oldenburgischen Landkreis Friesland ist eine historische Grenze, auch Goldene Linie genannt, die zwischen dem ehemaligen Fürstentum Ostfriesland und der Grafschaft Oldenburg verläuft.

Aber genug der Verwirrung. Zusammengefasst sollten Außenstehende die Friesen und die Ostfriesen nicht in einen Topf werfen, auch wenn die Friesen sich im Osten befinden – ansonsten riskieren sie das eine oder andere Schmunzeln oder eben auch mal ein Augenrollen.

8 EIN HIMMELWEITER UNTERSCHIED

ES GIBT KEIN SCHLECHTES WETTER, NUR SCHLECHTE VORBEREITUNG!

Sonja ahnt, warum es so viele Synonyme und Ausdrücke gibt, die den Regen beschreiben. Bisher hat es fast täglich auf eine andere Art geregnet. Mal tröpfelt es, dann strömt es. Und heute: Bindfäden augenscheinlich. So etwas hat sie noch nie gesehen. Dass es mal so richtig gießt, natürlich, aber das, was sich draußen vor den Fenstern der Redaktion abspielt, besitzt eine andere Dimension. Der Regen reißt nicht einmal mehr ab, bevor er auf die Erde trifft, er ähnelt wirklich vom Himmel aus gesponnenen Fäden. Fasziniert schaut sie zu. »Du siehst aus, als würdest du fernsehgucken. Habt ihr in Bayern keinen Regen?« Grietje schaut ihr neugierig über die Schulter.

Seit gut zwei Wochen wohnt Sonja jetzt in ihrem kleinen Häuschen in der Altstadt von Leer. Gestern hat sie alle Kartons ausgepackt, die Sachen verstaut und festgestellt, dass sie sich wirklich wohl fühlt. Sie mag die Backsteinhäuschen in Ostfriesland. Sie wirken sauberer als die verputzten Häuser in Süddeutschland, deren Fassaden schnell schmutzig werden. Die wenigen verputzten Bauten in der Leeraner Altstadt dagegen werden penibel in Schuss gehalten.

Mit Grietje versteht sich Sonja bisher am besten, was zum einen daran liegt, dass sie in etwa demselben Alter sind, zum anderen an ihrer direkten und herzlichen Art. Ihre Kollegin Nantje aus der Sportredaktion mag sie ebenfalls, mit ihr wird sie nur leider wenig zu tun haben, da sie gerade im siebten Monat schwanger ist und bald in den Mutterschutz geht. Ansonsten sind die Kollegen zwar nett, aber etwas wortkarger.

Sonja schaut über die Schulter zu Grietje. »Schwäbische Alb, wenn ich bitten darf. Das liegt in Baden-Württemberg, und dazwischen liegt ein himmelweiter Unterschied, genau wie zwischen dem Regen bei uns und bei euch. Der haut einen glatt aus den Socken.« Augenscheinlich hat der Wind gedreht, denn gerade in diesem Moment hämmert der Regen gegen die Scheibe. »Sieh dir das mal an.« Hätte sie nur nicht so lange aus dem Fenster geschaut und über den Regen sinniert. Das hätte ihr vielleicht den Termin mit der Anwohnerin erspart, deren Haus regelmäßig überschwemmt wird.

Zwanzig Minuten später steht sie samt neuen Stoffturnschuhen im Fehntjer Morast. Die Brille beschlagen, von allen Seiten durchnässt, versucht sie gegen Regen und Wind schreiend zwischen Sielacht und Anwohnerin zu vermitteln. Dass sie aber auch nicht dazulernt.

KLOOKSCHIETER: DIE SIELACHT

Ein Siel ist ein Gewässerdurchlass in einem Deich. Bei höherem Wasserspiegel steigt der Druck auf der Meerseite und der Vorfluter schließt sich. Steigt der Druck auf der Binnenseite, so öffnet er sich. Die Sielacht ist ein Wasser- und Bodenverband und hat die Aufgabe, mithilfe der Vorfluter Gebiete zu entwässern, um sie vor Überschwemmungen zu schützen. Dazu gehört auch, dass die Sielacht Siele baut und instand hält – ebenso wie die Entwässerungskanäle, die Ostfriesland durchziehen. In Marschgebieten wie Ostfriesland, das zusammen mit den Flächen auf niederländischer und dänischer

Seite das größte Marschgebiet weltweit bildet, sind diese besonders wichtig. Noch dazu liegen Teile Ostfrieslands 2,5 Meter unter dem Meeresspiegel – ohne die Entwässerungsverbände wie die Sielacht wäre die Region unbewohnbar. Die Gebühren, die Ostfriesen für diese Arbeit entrichten müssen, zahlen die meisten deshalb klaglos.

»Ihr Kanal entwässert nicht mehr, er bewässert!« Die Anwohnerin ist außer sich. Wild gestikulierend steht sie am Ufer und zeigt auf das Entwässerungssystem. Sie rauft sich die Haare, stochert mit den Fingern in der Luft vor den Männern der Sielacht herum und schnauft. Ihr Grundstück sinke ab, die Mauern des Hauses seien freigelegt, dabei hätte all das die Altersvorsorge sein sollen.

Bewässert werde ich auch gerade, denkt Sonja. Nichts an ihr ist noch trocken, sie ist bis auf die Haut durchnässt. Wobei das in Anbetracht des Problems der Dame eher zweitrangig ist. Sie hat Mitleid. Dem Wetter scheint die Diskussion hingegen herzlich egal zu sein, es legt noch eine Schippe drauf. Um sie herum tanzt der Regen munter seine Pirouetten. Wenn es hier jeden Tag so gießt, wundert es sie eigentlich, dass das Haus überhaupt noch steht.

»Was sollen wir denn gegen den Niederschlag unternehmen, gute Frau?«, antwortet der Mitarbeiter der Sielacht. »Einen riesigen Regenschirm entfalten?« Zu allem Überfluss lacht er noch. Doch das ist der Tropfen, mit dem er das Fass zum Überlaufen bringt. Eine Einigung ist spätestens jetzt in weiter Ferne, genau wie die Klärung der Witterungsverhältnisse. Die Anwohnerin fuchtelt noch wilder mit den Händen in der Luft herum, während die Sielacht mauert.

Nachdem Sonja alle nötigen Informationen beisammenhat, verabschiedet sie sich mit Blick auf ihre ehemals beigefarbenen Wildlederschuhe und seufzt. Der Sielacht-Mitarbeiter folgt ihrem Blick und gibt ihr noch einen Spruch mit auf den Weg: »Es gibt kein schlechtes Wetter – nur schlechte Vorbereitung. Die können Sie wohl wegschmeißen.«

Sonja lächelt ihn schmallippig an. »Wieso geht dann das Haus hier unter, wäre das nicht eigentlich Ihr Job, die Vorbereitung?« Dann nickt sie der Frau zu und macht sich auf dem Weg zum Auto. So ein Hornochse. Auf die Idee, ihr seinen tollen Schirm zu leihen, ist er natürlich nicht gekommen.

Wat'n Mallöör

Der Norden: regnerisch, stürmisch, kalt. Denkt man ans Wetter in Ostfriesland, wird den wenigsten warm ums Herz. Doch was steckt eigentlich hinter dem Schlechtwetter-Mythos – ist es wirklich so schlimm?

Tatsächlich sind die Temperaturen durch die Lage an der Nordsee recht ausgeglichen, die Sommer warm, die Winter mild. So lagen die Sommertemperaturen der letzten Jahre gar über dem Bundesdurchschnitt. Trotzdem liegt auch die Niederschlagsmenge 100 Millimeter über dem Durchschnitt: Statistisch gesehen fallen im Laufe des Jahres rund 800 Millimeter Niederschlag. Im Landesinneren regnet es in den Sommermonaten Juni und Juli am meisten, auf den Inseln dafür erst im Herbst. Trotzdem ist es vor allem der Wind, der verglichen mit dem deutschen Durchschnitt häufiger und stärker weht. Deshalb gibt es in Ostfriesland auch häufiger Sturmgefahr.

Wer nun aber seinen Urlaub wegen schlechten Wetters abblasen möchte, trifft die falsche Entscheidung. Der Wind hat nämlich auch gute Seiten: Er sorgt für ständige Veränderung am Himmel – lange währt der Regen selten. Schnell treibt der Wind die Regenwolken davon. Außerdem stärkt das ostfriesische Reizklima das Immunsystem, nicht umsonst fahren Menschen mit Atemwegs- und Hauterkrankungen auf die Ostfriesischen Inseln. Die salzhaltige Luft wirkt zusammen mit den Temperaturschwankungen kleine Wunder. Und seien wir mal ehrlich: Was wäre Ostfriesland ohne die steife Brise, einen ordentlichen Regenschauer und die Schäfchenwolken am Himmel?

KLOOKSCHIETER: FÜNF GOLDENE *SCHIETWEER*-TIPPS

Natürlich hat der Mann von der Sielacht recht: In Ostfriesland gibt es kein schlechtes Wetter, nur schlechte Vorbereitung. Und so wappnen Sie sich:

- Gummistiefel. Auch wenn der Regen sich längst verzogen hat, der Boden bleibt nass, lassen Sie sich nicht täuschen. Durch die Marschlandschaft gleicht der Grund oftmals einem vollgesogenen Schwamm. Wildlederstiefel sind schön, aber schnell ruiniert. Besser Sie haben immer ein Paar Gummistiefel im Auto.
- Eine wasserfeste Jacke. Wenn der Regen kommt, kommt er von allen Seiten. Eine Regenjacke mit Kapuze ist da allemal angebracht. Am besten bringen Sie sich, wenn Sie schon einmal da sind, einen Ostfriesennerz mit. Dazu mehr im nächsten Kapitel.
- Zwiebellook. Vielleicht nicht unbedingt die schönste Art und Weise, sich zu kleiden, dafür aber die praktischste: Ziehen Sie sich so an, dass Sie einzelne Schichten bei Bedarf ablegen können. So schnell, wie der Regen kommt, verschwindet er manchmal auch wieder.
- Kein Regenschirm. Ein Schirm ist nur bei Windstille eine gute Idee, ansonsten in Ostfriesland bedingt zu empfehlen. Er fliegt Ihnen schneller davon, als Sie gucken können.
- Positiv denken. Bei höheren Temperaturen kann so ein schöner Sommerregen auch mal erfrischend sein: Arme ausstrecken, Nase in die Luft, einmal im Kreis drehen. Anderenfalls fluchen, Fersengas geben und ab zur *Teetied*. Wie sagt der Ostfriese so schön: Abwarten und Tee trinken. Bis der Tee getrunken ist, hat der Wind die Wolken bestimmt wieder gedreht.

9 DER WOLF IM SCHAFSPELZ

VOM VIELLEICHT GRÖSSTEN OSTFRIESENSCHERZ: DEM OSTFRIESENNERZ

Sonja sieht misstrauisch nach draußen. Die Sonne ist seit einer halben Stunde nicht mehr zu sehen, verschwunden hinter ostfriesischen Wolken. Gut, dass heute Morgen noch Sonne angekündigt war und Sonja zwar Gummistiefel mit in die Redaktion genommen hat, aber keine regenfeste Jacke. Sich eine vernünftige Regenjacke zuzulegen hat sie gestern nach Redaktionsschluss nicht mehr geschafft.

Sie seufzt. Immerhin der Tee von Grietje hatte nach dem verregneten Termin gutgetan. Vielleicht steigt sie doch noch von Kaffee auf Tee um. So langsam kommt sie auf den Geschmack. Die schwarze Teeblatt-Mischung macht fast genauso wach wie Kaffee, und die hübschen Sahnewölkchen sind auch nicht zu verachten. Wenn da nur nicht die ganzen Regeln wären. Allerdings gibt die Forschung den Ostfriesen recht. Irgendwo hat sie mal eine Studie gelesen, in der Forscher der Frage nachgegangen sind, wieso Menschen im asiatischen Raum so alt werden. Tatsächlich verwiesen die Wissenschaftler am Ende auf die mehrmalige halbstündige Auszeit am Tag, die sich die Menschen für die Teetradition nahmen. Kein Wunder also, dass die

Ostfriesen auf ihren Tee so versessen sind, vor allem wenn man bedenkt, dass sie sich nach den Regenschauern ja auch wieder aufwärmen müssen, denkt sie. Wieder geht ihr Blick zum Fenster.

»Wat starrste denn so missmutig aus dem Fenster, *mien Leev?* Kommt heute ’ne neue Folge?« Grietje schmunzelt.

»Nee, wohl eher eine Wiederholung, so wie das da draußen aussieht. Sag mir bitte, dass das nicht immer so ist.« Seufzend sieht sie zu ihrer Kollegin hoch, die sie nur ernst ansieht: »Doch, das ist 24/7 so. Das hört nie auf.«

Sonja stöhnt. »Ehrlich jetzt?« Sichtbar erschüttert schaut sie nach draußen. »Das ist ja genauso schlimm wie in Skandinavien, wo es immer dunkel ist. Gibt es hier auch so hohe Suizidraten wie dort? Ich hätte auf meine Eltern hören sollen, die haben mir schon beim Umzug erzählt, dass mir die Sonne fehlen wird.«

»Ach, Sonja.« Grietje kichert. »Ich mach doch nur Spaß. Du bist aber auch gutgläubig. Ganz so wild ist es nicht – die meisten Leute übertreiben. So schnell, wie der Regen kommt, verschwindet er oft auch wieder. Und der Wind hat auch seine guten Seiten.«

Immer stärker treibt der Wind draußen sein Unwesen und zerrt an den Ästen des noch blätterlosen Gebüschs am Fenster. »Ach Grietje, ich habe heute keine regenfeste Jacke mit und irgendwie die Befürchtung, dass ich da wieder raus muss.« Im Terminkalender hat sie schon einen Außentermin entdeckt. Wieder wandert ihr Blick zum Fenster. »Mach dir mal keinen *Kopp*, den Termin zur Spargelernte übernehme ich, wenn du dafür aufhörst, so mordlüstern zu gucken. Manchmal scheint in Ostfriesland übrigens auch die Sonne.« Grietje gluckst.

»Grietje, du bist ein Engel. Ich bestelle mir auch gleich eine Regenjacke. Ihr müsst ja Spezialisten auf dem Gebiet sein – hast du irgendwelche Empfehlungen?«

»Hol dir einen Ostfriesennerz, Sonja! Den kannst du bei Wind und Wetter tragen. So einen hatte mein Urgroßvater schon auf seinem Kutter«, mischt sich Dieter ein, der auf dem Weg von der Teeküche zum Schreibtisch ist.

»Ostfriesennerz? Nee, so was trage ich nicht. Das geht ja mal gar nicht.«

»Wat, wieso geht das nicht? Das geht ganz gut, sag ich dir!« Dieter kratzt sich am Kopf. »Der wird gerade wieder richtig up to date.«

»Pelz zu tragen kann gar nicht up to date sein, das ist einfach nur grausam! Und noch dazu heutzutage einfach nur unnötig. Es gibt so viele Möglichkeiten sich warmzuhalten, da muss man sich doch nicht vorsintflutlich wie ein Neandertaler den Pelz umhängen. Außerdem habe ich mal eine Reportage über Nerzfarmen gesehen, glaube mir, danach bist du auch meiner Meinung.« Sonja rümpft die Nase.

Dieter und Grietje gucken sich an, einen Moment herrscht Stille. Dann gibt es kein Halten mehr.

»Ostfriesennerz und Pelz, ich werd nich mehr.« Dieter japst.

Grietje, bemüht, das Missverständnis aufzuklären, versucht ernst zu bleiben. »Ostfriesennerz wird auf keiner Nerzfarm hergestellt.« Dann bricht sie ein. »Wo es in Ostfriesland ja auch so viele Nerze gibt!«

Verwirrt blickt Sonja beide an. »*Jesses*, was hab ich jetzt schon wieder falsch gemacht?«

»*Jesses!* Hier heißt das *Jasses.*« Dieter kichert immer noch. »Sonja, Ostfriesennerz ist kein echter Nerz. Du kannst ihn also guten Gewissens tragen.«

»Also Kunstpelz? Damit könnte ich leben.« Sonja zuckt mit den Schultern. »Nur, wie soll das den Regen abhalten?«

»Nee, Sonja, auch kein Kunstpelz. Dieter, stell dir 'nen ostfriesischen Fischer auf'm Kutter im Kunstpelz vor.« Grietje wischt sich eine Träne aus dem Augenwinkel, bevor beide wieder losjohlen.

»Alles klar, kein Problem, lacht ruhig noch ein bisschen. Tut einfach so, als wäre ich nicht da. Ich frage unterdessen jemand anderen, was es damit auf sich hat.« Sonja schnauft beleidigt und schiebt noch nach: »Der arme Max kriegt am Wochenende einen Kulturschock, wenn er zu Besuch kommt.«

Doch die beiden anderen hören gar nicht mehr zu – sie prusten wieder los.

Wat'n Mallöör

Spätestens seit Otto Waalkes den quietschgelben Regenmantel in sein Witze-Repertoire übernahm, ist die Jacke Kult. Der Name des Kleidungsstücks aber ist doppelt irreführend. Zum einen besteht der Mantel nicht aus Nerz, sondern aus einem Stoffgemisch, das sich aus Viskose und mit PVC überzogener Baumwolle zusammensetzt. So kommt weder Wasser noch Luft durch die Jacke. Zweitens stammt das Kleidungsstück auch nicht aus Ostfriesland, wie der Name vermuten lässt, sondern aus der dänischen Stadt Hörve. Dort gründete Jan Nielsson 1958 ein Bekleidungsunternehmen namens Jeantex, das sich auf wetterfeste Kleidung spezialisierte. 1965 gelang es ihm, eine gelbe Öljacke herzustellen – auch wenn diese wenig mit Öl gemein hatte, sondern aus dem bereits oben erwähnten Stoffgemisch bestand. Aufgrund der hohen Nachfrage, die vor allem aus Deutschland kam, wurde die Fabrik nahe der Hauptstadt Kopenhagen bald zu klein. Daraufhin verlagerte man den Sitz nach Hamburg, wo Jeantex auch heute noch zu finden ist.

Letzten Endes war es die Wind- und Wasserfestigkeit, die das Produkt für die Seefahrt und damit auch für Ostfriesland so attraktiv machte. Die Farbe Gelb, eine Signalfarbe in dem für die Region so typischen Nebel, hat sich durchgesetzt. Wie die Bezeichnung Friesennerz allerdings zustande kam, lässt sich nicht mehr nachvollziehen – vielleicht entstand sie durch einen der berühmten Ostfriesenwitze.

10 DAS WELTKULTURERBE DER OSTFRIESEN

VOM NORDISCHEN ZAUBERTRANK

Sonja trommelt mit den Fingern auf der Tischplatte. Das dauert wieder. Grimmig starrt sie auf den Türrahmen. »Wenn du noch ein bisschen länger brauchst, müssen wir gar nicht erst losfahren. Dann ist es nämlich Abend. Grietje wartet bestimmt schon. Dabei ist es wirklich nett, dass sie uns zur *Teetied* eingeladen hat, damit du das auch kennenlernst. Und jetzt kommen wir zu spät.«

Max erscheint mit zerzausten Haaren im Türrahmen. »Und das von jemandem, die heute Morgen noch schlechter als ich aus dem Bett gekommen ist, obwohl sie keine achtstündige Autofahrt hinter sich hat. Von dir lasse ich mich jetzt gar nicht hetzen, Motsi Mabuse. Trink erst einmal deinen Morgenkaffee. Morgens erinnerst du mich echt an ein altes zeterndes Weib, das bei jeder Kleinigkeit den Krückstock durch die Luft schwenkt.« Er drückt ihr einen Kuss auf den Kopf.

Okay, das war zu viel. »Max, also ehrlich, musst du mich immer so nennen?«, entrüstet sie sich. Dass er wirklich jedes Mal, wenn sie vielleicht ein bisschen unbequem ist, den Namen der Fernsehmoderatorin hervorkramt. Nur weil er ihn lustig findet. Frechheit.

»Morgens schon, ja. Allein, wie du gerade wieder brummelst. Gut, dass ich immer als Erstes die Kaffeemaschine anstelle. Nimm mal einen kleinen Schluck, Motsi.« Er stellt ihr eine dampfende Tasse vor die Nase.

Finster blickt sie ihn an. »Wie kann man jemanden gleichzeitig treten und küssen wollen?« Doch der Hunger nach Kaffee siegt, gierig streckt sie ihre Finger danach aus. »Hmm.« Max kichert.

Als sie endlich im Auto sitzen, ähnelt der von freundlichen weißen Schlieren durchzogene Himmel einer Marmorplatte. Zwanzig Minuten später hämmert der Wind den Regen aus sämtlichen Winkeln gegen den alten Golf. »Das darf nicht wahr sein«, ruft Max Sonja fasziniert über den Lärm zu. »Der Wind hat schon wieder gedreht. Wo um Gott's Wille sind mir hier gelandet, Sonja?«

Sie feixt. »In Ostfriesland. Genauer gesagt, im Rheiderland. *Schietweer* heißt das, hat man mir gesagt. Gewöhn dich lieber dran, wird sich in den kommenden Tagen nicht viel daran ändern. Hier gibt es nicht so viel, das sich dem Wind entgegensetzt – außer ein paar Kühen vielleicht. Und so wild ist es dann auch wieder nicht. Zumindest habe ich noch keine fliegen sehen.«

Max lacht und sieht aus dem Fenster. Es ist das erste Mal, dass er Ostfriesland sieht. Viel hat er noch nicht gesehen, nur das kleine windschiefe Häuschen mit den blauen Fensterrahmen, in dem Sonja wohnt. Heimelig, mit den schrägen Decken und Wänden. In den kommenden Monaten soll er entscheiden, ob er sich ebenfalls in der Region bei einer Kanzlei bewirbt und nachzieht. Für beide wäre das eine riesige Umstellung. Aus den Bergen nach Leer, weit weg von Freunden und Familie. Er ist gespannt darauf, wie Sonjas Kollegin so ist. Gerne sind sie Grietjes Einladung gefolgt. Sonja hat erzählt, Grietje wohne auf einem Gulfhof mitten auf dem Land. Ihre Eltern habe sie früh verloren, dafür habe sich ihre Großmutter, die ebenfalls in einem Haus auf demselben Grundstück wohnt, um sie gekümmert. Und als Neuankömmling habe Max unbedingt Tee zu trinken – und zwar »vernünftig«, habe sie gesagt, als Sonja von dem Besuch aus der Heimat erzählte.

Genau richtig bei dem Wetter, denkt Sonja jetzt. Die Heizung von Golfinchen, ihrem Wagen, hat just mal wieder den Geist aufgegeben, da kommt eine dampfende Tasse Tee gelegen. Und den Ostfriesentee mit dem weißen Kandis, der die halbe Tasse einnimmt, hat sie als Naschkatze in den vergangenen Tagen schnell zu schätzen gelernt. Dabei war sie immer überzeugte Kaffeetrinkerin. In der Heimat hat ihr Tee nie geschmeckt. Allerdings veranstaltete dort auch niemand so ein Brimborium ums Teetrinken.

Knirschend rollten die Autoreifen über den Kies der schmalen Auffahrt, die zu dem alten Bauernhof führt. Vielleicht sollte sie Max warnen. »So, da wären wir. Du, also, was ich dir noch sagen wollte, es gibt ja gleich Tee. Die sind hier ein bisschen eigenartig, was das betrifft.« Sonja kratzt sich verlegen am Kopf. Doch viel weiter kommt sie nicht, ihre Kollegin Grietje steht samt Ostfriesennerz bereits an der Autotür. Sie beugt sich zum Auto runter. »*Moin* Max, rein mit euch. Wollen ja nich, dass du dir gleich wat wegholst. Tisch is gedeckt.«

In der Stube angekommen, blickt Max sich neugierig um. In der Tat hat Grietje nicht zu viel versprochen: Drei zierliche Porzellantässchen, verziert mit einer abstrakt gemalten Rose, stehen auf dem Tisch, in der Mitte eine ebenso verzierte Kanne. Kleine Silberlöffelchen liegen liebevoll drapiert auf den Untertassen, eine Platte mit Rosinenbroten wurde sorgsam auf dem Tisch platziert, zusammen mit einem Sahnekännchen und einer kleinen Kelle. »Einen tollen Untersatz haben Sie da!«, sagt Max, der bemüht ist, Gastgeberin Grietje zu gefallen.

Die will gerade antworten, als sie auch schon unterbrochen wird. »Dat is keen Unnersatz, dat is een Stövchen. Wo kommst du denn wech, mien Jung?«, sagt eine ältere grobschlächtige Frau, die soeben in die Stube gestapft kommt und Max von oben bis unten mustert, als wäre er derjenige, der sich merkwürdig verhält.

»Ähm, Oma, darf ich vorstellen, das sind meine neue Kollegin Sonja und ihr Freund Max von der Schwäbischen Alb. Ich habe die beiden zur *Teetied* eingeladen.« Und etwas leiser fügt Grietje an die alte Frau gewandt hinzu: »Was machst du denn hier?«

Die Frau stemmt die Hände in die Hüften und nickt den beiden zu. »Frau de Boer.« Dann fährt sie an Grietje gewandt fort. »Du, als hätt ick's geahnt«, sagt sie und ignoriert ihre Verlegenheit. »Wollt eben kieken, ob de noch lebst. Arbeitest zu viel, aber dat heb ick dir ja längst verteelt.«

Bei einem Tee hat Grietje Sonja bereits erzählt, dass sie ihrer Oma sehr nahesteht, obwohl diese manchmal die Angewohnheit hat, andere Menschen mit ihrer typisch norddeutschen Direktheit vor den Kopf zu stoßen. Sonja kann sich jetzt haargenau vorstellen, was sie damit meinte.

Mit einem Ächzen lässt sich die alte Frau auf den Stuhl plumpsen, der vermutlich für Max vorgesehen war. »Grietje – da fehlt 'ne Teetasse für den Herrn! Jungchen, reich mir doch eben den *Kluntjepott* rüber!«

»Pott? Kluntje?«, flüstert Max Sonja mit hochgezogenen Augenbrauen zu.

»Den Kandiszucker in dem Schälchen neben dir, also die weißen Brocken da«, raunt Sonja zurück. Dann schaut sie von Max zu Frau de Boer und dann zu der immer noch verlegenen Grietje. »Das kann ja heiter werden.«

Dann beginnt die *Teetied:* Grietje legt jedem mithilfe einer silbernen Zange einen der kantigen *Kluntjes* ins Tässchen. Für Max sieht es nach reichlich Übung aus, das Zuckerstück überhaupt aus der Dose zu kriegen. »Damit's knistert – auch wenn man schon Silberne feiert«, sagt Grietje und lacht. Offenbar ein Versuch, die Stimmung aufzulockern. Doch was sie damit meint, hört Max erst, als der schwarze Tee auf den Zuckerklumpen plätschert: Es knistert wirklich, als sich der Zucker langsam auflöst.

»Vier Minuten zieht der bei de Boers, nicht mehr und nicht weniger, und das schon seit 'nem Jahrhundert«, sagt Frau de Boer und zieht die Nase hoch, wobei Max ein wenig zusammenzuckt und Grietje rote Wangen bekommt. Sie nimmt die kleine Kelle aus dem Kännchen und lässt die Sahne entlang des zierlichen Gefäßrandes entgegen dem Uhrzeigersinn in den Tee träufeln. »Die Richtung ist wichtig – so halten wir Ostfriesen mit dem Teetrinken die Zeit an.«

Max bläst seine Backen auf. »Das ist ja eine Wissenschaft für sich.«

Frau de Boers dünne Augenbrauen schnellen gen Haaransatz. »Dat wirste dir ja wohl noch merken können.« Ein Rosinenbrot verschwindet mit einem Schmatzen zwischen ihren Lippen.

Sonja fährt sich übers Schlüsselbein. Auch Max rückt nervös auf seinem Stuhl hin und her, bevor er kichert. »Aber wieso brauchen Sie denn eine Kelle für die Sahne?« Dann flüstert er Sonja zu: »Wir essen doch keine Suppe.«

Tatsächlich befindet sich in dem Sahnekännchen eine zierliche, kunstvoll geschwungene Kelle, mit der Grietje die Sahne in den Tee gibt.

Frau de Boer, die Max' Amüsement mit gespitzten Ohren verfolgt hat, echauffiert sich prompt, wobei zwischen den Wörtern ein paar Brotkrümel aus ihrem Mund katapultiert werden. »Kelle! Du ahnst es nicht! Wir essen doch keine Suppe – dat is der *Rohmlepel.*« Wieder schüttelt sie den Kopf, als wäre er derjenige, der sich merkwürdig verhält.

Schnell grätscht Sonja dazwischen. »Sieh nur, Max, die Wulken.« Sie zeigt auf die Sahne in der Tasse.

»Wulken? He he – *Wulkjes* meinste wohl!«, sagt Grietjes Oma gackernd und ergänzt angesichts Max' fragenden Blicks: »Na, Wolken, oder sprech ich Kinesisch?«

Max läuft rot an. »Ach so, äh, nee, wahrscheinlich tun Sie das nicht.« Er kichert, wobei er nach einem bösen Blick von Sonja hinzufügt: »Natürlich nicht.« Mit einem »Oh, wie schön« versucht er die Aufmerksamkeit wieder auf die Tasse zu lenken. Intensiv starrt er in seine Teetasse. Dabei beobachtet er tatsächlich, wie kleine Sahnewölkchen vom Boden aufsteigen und sich langsam auflösen, und greift erwartungsvoll zum Löffel.

»Halt!«, rufen jetzt Sonja, Grietje und Frau de Boer unisono.

»Nicht geschüttelt, nicht gerührt – den trinkt man so!«, klärt Grietje auf.

Max legt irritiert den Löffel zurück. »Aber trinken darf ich schon?«

Grietje lacht und nickt ihm aufmunternd zu.

Endlich darf er kosten, er dachte schon, die Ostfriesen gucken ihren Tee nur an. Und herrlich – der knisternde *Kluntje*, die *Wulkjes*, der herbe Tee, die Rosinenbrote, was schmeckt das gut! Begleitet von dem heulenden Wind draußen und dem Rascheln des Ofenfeuers im Wohnzimmer. Ein perfekter Sonntagnachmittag, findet er. Auch wenn Frau de Boer etwas gewöhnungsbedürftig zu sein scheint, doch im Laufe des Nachmittags wird sie ein wenig umgänglicher.

Wenn der Tee nur nicht so auf die Blase drücken würde. Während die anderen drei längst zur Unterhaltung übergegangen sind, kommt er mit dem Teetrinken nicht nach. Wie machen die das nur? Max schielt auf die anderen Tassen. Immer wieder schenkt Frau de Boer ihm nach, während sie die anderen Tassen geflissentlich ignoriert. Ich hätte nicht über Kinesisch lachen sollen, denkt er jetzt. Ob sie so rundlich ist, weil sie jeden Tag so viel Tee mit Kandis schlürft? Vielleicht lutscht sie die Zuckerstücke auch. Er hat bemerkt, dass sie sich zwei Stücke in die kleine Tasse legte. Viel Platz für den Tee war da nicht mehr.

Nachdem sie sich bei Grietje für die Einladung bedankt haben, sitzen sie wieder in dem alten Golf. Der Regen hat nachgelassen. Gesättigt und zufrieden schaut Sonja auf die Landstraße. Doch kaum fahren sie, will Max anhalten. »Scheiße, Sonja, ich muss mal. Ist hier irgendwo ’ne Tankstelle?«

Sie schaut auf das erste Straßenschild, das sie passieren. »Die nächste müsste in Leer sein. Das hätte dir aber auch früher einfallen können.«

»Dass ich etwa zehn Minuten nach Verlassen des Hauses aufs Klo muss? Ich weiß ja nicht, wie das bei dir ist, aber in der Regel weiß ich nicht eine halbe Stunde früher, dass ich aufs Klo muss. Wie weit ist das denn?«

»Das müsste rund dreißig Minuten entfernt sein. Geht's dir denn nicht gut, hast du Durchfall?« Sonja wirft Max einen besorgten Seitenblick zu.

»Durchfall von dem ganzen Wasser? Von wegen, *heilig's Blechle*, ich muss nur pinkeln wie blöde! Die Frau hat einfach nicht aufgehört, mir Tee nachzuschenken. Bis Leer pack ich's nicht mehr. Halt an, Sonja, sonst kann ich für nichts mehr garantieren!«

Sonja fährt langsamer und hält an. »Wie jetzt – hier? Max, aber hier fahren doch Autos lang!«, entrüstet sie sich. Doch da zieht Max schon die Tür auf. »Max!«, ruft sie noch aus dem Auto, »bitte mit dem Wind!«

Sichtlich erleichtert kehrt er einige Minuten später zurück. »Mann, war das kalt, aber das ging einfach nicht mehr anders, die trinken Tee wie wir Bier auf der Alb.«

Sonja wird auf einmal kleinlaut. »Also ich hatte nur vier Tässchen. Sag mal, hast du den Löffel nicht in die Tasse gelegt, als du nichts mehr wolltest?«

KLOOKSCHIETER: DIE OSTFRIESISCHE TEEZEREMONIE

Zunächst wird die Teekanne mit heißem Wasser ausgespült, um sie vorzuwärmen. Dann wird der Tee zubereitet. Dafür etwa drei bis vier Kaffeelöffel Tee von der ostfriesischen Assam-Mischung in einen Filter geben und rund vier Minuten lang in möglichst weichem Wasser ziehen lassen. Das ostfriesische Wasser eignet sich hier besonders gut, da es kalkarm ist. Wichtig ist außerdem, dass das heiße Wasser auf die Teeblattmischung gegossen wird, damit sich die Aromen gut entfalten können. Tee ist schließlich ein Aufgussgetränk. Damit die Teekanne nicht auskühlt, steht sie anschließend auf einem Stövchen.

Dann wird der *Kluntje*, also für Nicht-Ostfriesen der Kandis, mithilfe einer Zuckerzange aus dem *Kluntjepott* in eine Tasse befördert.

Jetzt den Tee darübergießen.

Dem Knistern lauschen. Ist der Tee zu kalt, knistert er nicht. Dann heißt es von vorne anfangen.

Zum Abschluss die Sahne mit einer winzigen Silberkelle entlang des Tassenrandes auftragen (für Teetrinker anderer Kulturen ist die Sahne vermutlich Frevel, hier ist sie ein Muss). Die Sahne bitte gegen den Uhrzeigersinn entlang des Tassenrandes träufeln, um damit die Zeit anzuhalten.

Die aufsteigenden *Wulkjes* (Sahnewölkchen) bestaunen.

Frühestens nach drei Tassen (daher auch der Spruch: Drei ist Ostfriesenrecht) den Löffel in die leere Tasse legen. Das signalisiert dem Gastgeber, dass der Gast keinen Tee mehr möchte. Weniger als drei Tassen sind übrigens unhöflich, erst danach darf der Löffel zum Einsatz kommen. Üblicherweise zeigt also der Teetrinker in Ostfriesland, dass er genug hat, indem er den kleinen Silberlöffel ins Tässchen legt.

Ältere Ostfriesen und Ostfriesinnen treffen sich auch heute noch zum *Elführtje*, bei dem genau um elf Uhr drei Tassen Ostfriesentee getrunken werden. Der Begriff *Elführtje* ist dennoch gleichzusetzen mit dem Five o'Clock Tea der britischen Teeliebhaber. Oft kommen dabei auch Gäste hinzu – dann entsteht ein richtiger *Klöönschnak* (Klatsch und Tratsch). Insgesamt sind in Ostfriesland aber natürlich mehrere Teezeiten gebräuchlich. Bis zu sechsmal täglich greift der hartgesottene Teetrinker zur Tasse.

Übrigens ist es Usus, den Tee nicht umzurühren, damit alle drei Geschmacksschichten wahrgenommen werden: erst die kühle cremige Sahne, dann der herbe Tee und schließlich der süße *Kluntje*. Dass das Zuckerstückchen nicht umgerührt wird, entstammt der Zeit, als der Kandis für die Bürger teuer war und so für mehrere Tässchen genutzt werden konnte. Der hohe Fettgehalt der Sahne und der süße *Kluntje* sind es auch, die dazu führten, dass unter anderem die Torfarbeiter im Moor den Tee als Zwischenmahlzeit nutzten. Das Getränk wärmte nicht nur, es sorgte auch für einen kleinen Energieschub. Dieser nette Nebeneffekt beruht nicht zuletzt auf der Stärke der Assammischung, die das Aroma des Tees bestimmt.

Wat'n Mallöör

Die Weltmeister des Teekonsums leben nicht etwa in China oder in Schottland, sondern im nordwestlichen Zipfel Deutschlands. Stolze 300 Liter Tee pro Kopf trinken die Ostfriesen im Jahr – elfmal so viel wie der Rest Deutschlands. Und nicht nur in Deutschland, auch global gesehen haben die Ostfriesen beim Teekonsum die Nase vorn. Die Einwohner Kuwaits kommen zwar noch auf 270 Liter, die Iren hingegen knacken mit Ach und Krach gerade die 250-Liter-Marke.

Deshalb – und weil die Teekultur tief in der Geschichte verwurzelt ist – gilt die ostfriesische *Teetied* seit 2016 als immaterielles Weltkulturerbe. Laut UNESCO-Kommission hat die Teekultur Ostfrieslands eine immaterielle identitätsstiftende Funktion, strukturiert den Alltag samt Tagesrhythmus und schafft sozialen und familiären Zusammenhalt. Darüber hinaus ist sie Wiedererkennungsmerkmal für die gesamte Region.

Bereits im 17. Jahrhundert kamen die kleinen Blätter mit den Schiffen der niederländischen Ostindien-Kompanie nach Ostfriesland. Den ersten echten Ostfriesentee, bestehend aus zehn oder gar mehr Sorten schwarzen Tees, mischte Johann Bünting aber erst knapp 200 Jahre später, im Jahr 1806, in seinem Kolonialwarenladen. Seitdem entwickelte sich aus der ersten Teemischung eine Dynastie: Bünting zählt heutzutage zu den Marktführern im Teegeschäft. Zumindest, was schwarzen Tee betrifft.

»Der eine« ist der Bünting-Tee deshalb aber noch lange nicht: In Ostfriesland lodert heute noch die Debatte, welcher Ostfriesentee am besten schmeckt. Bünting steht dabei in enger Konkurrenz mit dem Teehandelshaus Thiele-Tee aus Emden und Onno Behrends aus Norden, auch wenn Letzterer der kleinste Konkurrent ist. Selten besitzen Ostfriesen Blattmischungen mehrerer Handelshäuser. Welchen Tee man aber in der Vorratskammer liegen haben sollte, darüber sind schon hitzige Diskussionen geführt worden.

Darüber hinaus bieten deutschlandweit auch andere Unternehmen wie Teekanne oder Meßmer eine ostfriesische Blattmischung an. So findet der Verbraucher die Assam-Mischung nicht nur in ostfriesischen Regalen, sondern in nahezu jedem Supermarkt Deutschlands. Allerdings ist hier Vorsicht geboten: Ostfriesentee gilt in Ostfriesland nur dann als echter Ostfriesentee, wenn er auch in Ostfriesland gemischt worden ist. Nur dann darf »echter Ostfriesentee« auf der Packung stehen. Abgesehen davon finden sich Mischungen anderer Teehandelshäuser als die drei oben genannten ohnehin nur selten bis gar nicht im ostfriesischen Küchenschränkchen wieder.

Was seinen Tee angeht, ist der Ostfriese Lokalpatriot – auch der Butenostfriese (so nennt sich der gebürtige Ostfriese, der nicht mehr in Ostfriesland lebt). Bei ihm zu Hause – wo auch immer das sein mag – steht höchstwahrscheinlich Ostfriesentee im Schränkchen. Aber um ehrlich zu sein: Es gibt Ostfriesen, die decken sich schon für einen Wochenendausflug mit Ostfriesenteepackungen ein und nehmen sich – das ist kein Scherz – Wasser aus Ostfriesland mit. Angeblich (jeder Ostfriese weiß, dass das stimmt) schmeckt der Tee mit anderem Wasser einfach nicht.

Weil sich das Bild des passionierten teetrinkenden Ostfriesen in der Tourismusbranche so gut macht, lockt es die Touristen wunderbar an: Allein drei Museen – in Norden, Leer und auf der Insel Norderney – bieten sogenannte Teezeremonien an. Selbstverständlich kann der Tourist dabei auch das typisch ostfriesische Geschirr, verziert mit geöffneter oder geschlossener Teerose, erwerben; *Kluntje*, Teemischung, Zuckerzange, Sahne- und Silberlöffel natürlich ebenso. Auch die Kleinen werden direkt an den Tee herangeführt – im Norder Museum finden Tee-Kindergeburtstage statt.

So kommt es, dass sich das ostfriesische Teegeschirr vielerorts und nicht nur in der Region in Schränkchen wiederfindet. Für stolze sechzig Euro gibt es das Kännchen. Die Teerose gehört längst zu Ostfriesland, obwohl das Dekor eigentlich aus Ostasien stammt. Vor allem wohlhabende Bauern erfreuten sich an der Rose, weshalb sie zunehmend für Reichtum stand. Gekrönt wird der Teerummel Ostfrieslands mithilfe einer von Bünting gesponserten Bronzestatue: Die *Teelke*, die Statue einer jungen Frau, hält seit 1991 in der Leeraner Altstadt stolz die Zutaten der *Teetied* in ihren Händen.

Gemaßregelt wird bei den Zeremonien im Museum und Café übrigens nicht, falls der Ablauf der *Teetied* mal nicht exakt eingehalten wird. Genauso wenig wird immer weiter nachgeschenkt, wenn jemand vergisst, den Löffel ins Tässchen zu legen. Zumindest im Café bleibt das den Teetrinkern selbst überlassen – was Missgeschicke wie bei Max verhindert. Sollten Sie aber auf dem Land zu Gast sein, lesen Sie sich den Text lieber noch einmal genau durch.

11 WIE VIELE OSTFRIESEN BRAUCHT MAN, UM EINE KUH ZU MELKEN?

DAS SAHNESTÜCK DER OSTFRIESISCHEN KULTUR

Die ersten Knospen tauchen auf den Ästen der Zierkirsche vor Sonjas Fenster auf. Wie oft sie das wohl noch sehen wird? Der Brunnen plätschert friedlich vor sich hin, als Sonja und Max aufstehen und beschließen, einen kleinen Spaziergang zu unternehmen und woanders zu frühstücken. In ihrer kleinen Gasse klammert sich der Efeu an die Backsteinhäuser und windet sich an der Mauer empor zu den Dächern. Anke, die Besitzerin des Leckereienladens am Ende der Gasse, ist wieder dabei, alles liebevoll zu dekorieren. Alle paar Meter stehen kleine Veilchentöpfe auf den Pflastersteinen. Sonja muss sich beherrschen, sich nicht zu bücken, um daran zu riechen. Sogar ein mit den Leckereien des Tages aufgemaltes Schild steht vor dem Laden. Sonja versteht, wieso die Touristen ihrer Führerin immer an dieser Stelle verloren gehen. Schon häufiger hat sie einem ratlosen Touristen helfen müssen, die Gruppe wiederzufinden, nachdem er den Laden leer gekauft hatte.

»Na, wo wollen wir hin, Fremdenführerin?«, reißt Max sie aus ihren Gedanken.

»Eine Fremdenführerin, die selbst aus der Fremde kommt. Na, da kann ja nichts mehr schiefgehen.« Sie kichert. »Lass uns einfach ein bisschen durch die Altstadt spazieren. Wenn wir da vorne am Ende der Gasse beim Haus Samson links auf die Brunnenstraße abbiegen, können wir die Cafés gar nicht mehr verfehlen.«

KLOOKSCHIETER: STADT ZWISCHEN BACKSTEIN UND CHROM

Schon die Schilder an der Autobahn kündigen sie an: die historische Altstadt Leers. Die ist wahrlich eine Sehenswürdigkeit – insgesamt 365 einzelne Gebäude stehen unter Denkmalschutz. Hinzu kommen 35 Ensembles mit stolzen 233 Bauten. Herzstück ist das Rathaus aus der Zeit um 1890, dessen Turm schon von Weitem zu sehen ist. Besonders beliebt ist der Bau im deutsch-niederländischen Renaissancestil bei Hochzeiten. Schräg gegenüber finden Besucher einen Barockbau, die Waage aus dem Jahr 1714. Hier wurden jahrhundertelang ankommende Waren aus dem Hafen gewogen. Direkt an der Waage liegend befindet sich der Museumshafen mit seinen Traditionsschiffen. Da ist es wenig überraschend, dass das geschichtsträchtige Kleinod im Sommer auch Touristen anzieht. Im Vergleich zu Emden, dessen gesamte Altstadt im Zweiten Weltkrieg in Schutt und Asche gelegt und danach wenig liebevoll wiederhergerichtet wurde, haben die Häuser der Stadt Leer wenig leiden müssen. Nur zu Zeiten, als die Arbeitslosenquote zwischenzeitlich bei mehr als 30 Prozent lag, wollte das Stadtbild mit seiner lächelnden Fassade nicht recht passen.

Einzig die Halbinsel Nesse gegenüber der Altstadt musste in den vergangenen Jahren aufpoliert werden. Als die dort früher angesiedelten Werften pleitegingen, hinterließen sie einen Schandfleck. Doch auch das wurde durch geschickte Stadtplanung ausgebügelt, Firmen aus dem Technologie- und Finanzsektor konnten für den Standort gewonnen werden. So zeichnet die Silhouette der Stadt heute einen scharfen Kontrast zwischen den Backsteinhäuschen der Altstadt und den Mini-Wolkenkratzern der Nesse, die der Hamburger Hafencity ähnelt. Zwar mutet auch das ostfriesische Ebenbild etwas steril an, doch hat es unverkennbar das Stadtbild geprägt: Verchromte und verglaste Bauten ragen puristisch in den ostfriesischen Himmel. Längst gibt es auch dort Touristenführungen – die Stadt Leer hat ihr maritimes Flair erkannt und geschickt eingesetzt. Die Altstadt und die Nesse sind Aushängeschilder der Kleinstadt.

»Wow, was ist das denn für ein Haus?«, fragt Max, als sie ihre kleine Gasse verlassen und vor einem besonders schönen Gebäude stehen. Im niederländischen Barockstil sticht es mit seiner Fassade aus dem Straßenbild hervor. Ein Perückengiebel aus Sandstein krönt die Ziegelsteinfassade, deren Fenster mit tannengrünen Fensterläden versehen sind. Helle Fugen aus Muschelkalk durchziehen das Haus. »Das ist Haus Samson. Tja, solche Häuser gibt es bei uns im Süden nicht, wir haben eher Fachwerkhäuser.« Obwohl sie schon unzählige Male daran vorbeigegangen ist, fühlt sie sich noch immer in eine andere Zeit versetzt, wenn sie davorsteht. »Das Haus wurde 1570 gebaut, die Fassade stammt aber aus dem Jahr 1643.«

Grietje hatte ihr aus dem Stegreif einen Vortrag darüber gehalten, als sie danach gefragt hatte. Nach der früheren holländischen Tradition, Häusern Namen zu geben, hatte man das Haus Samson genannt. Vermutlich, so Grietje, ein Symbol der Stärke: Ein außen hängendes Schild zeigt Samson dabei, wie er einen Löwen bezwingt. Nachdem ein Tabakwarenhändler und ein Kuchenbäcker dort ihr Geschäft eröffnet hatten, führte ein Johannes Gross ab 1800 eine Weinhandlung samt Spirituosenfabrik in dem Haus, daran erinnert sich Sonja. Heute ist dort die Verwaltung der Firma Wolff zu finden, ein Weinhandel samt Privatmuseum.

»Danke für den Vortrag. Der Kaffee hat dich ja richtig in Schwung gebracht.« Max weicht gekonnt einem Schwinger aus.

Als sie weiter in Richtung Brunnenstraße laufen, muss aber auch er zugeben, dass die Altstadt etwas Besonderes ist. Die Häuser wechseln sich ab, sind entweder farbig angestrichen oder weiß und blicken aus farbenfrohen Fensterrahmen auf die Straße. Stuckverzierte Dekoläden, Cafés und kleine Galerien reihen sich aneinander. Als sie rechts auf die Brunnenstraße einbiegen, bleibt Sonja nach einiger Zeit plötzlich stehen. »Oh, von dem Café hat Grietje mir erzählt, da müssen wir hin. Ich hab Kohldampf, trödle nicht so rum da hinten«, ruft sie über die Schulter, als sie sieht, dass Max noch immer staunend vor den Häusern steht. »Doch ganz interessant, hm?«

Max macht eine abfällige Handbewegung, als ob er widersprechen wolle, setzt sich dafür aber nur langsam in Bewegung. »Ist ganz schön, ja.«

Sonja verdreht die Augen, dreht sich um und kichert. Sie öffnet die Tür zum Café. Begleitet von dem Klingeln der Türglocke treten sie ein und nehmen auf einem Sofa Platz, von wo aus sie ihre Bestellung bei einer Bedienung mit niederländischem Akzent aufgeben. Vor allem die vergleichsweise niedrigen Grundstückspreise ziehen die holländischen Nachbarn an, hat Grietje ihr erzählt. Außerdem natürlich der Umstand, dass es wenig kulturelle Unterschiede zu ihren deutschen Nachbarn gibt.

Sonja sieht sich von ihrem Platz aus um. Um sie herum zieren alte, kunstvoll verzierte Uhren und Gemälde die Wände. Daher also der Name Antik-Café. Eine andere Kellnerin bringt ihnen schließlich das Frühstück.

»Mmmh.« Genussvoll schließt Sonja die Augen, als sie von ihrem Buttercroissant abbeißt. »Das schmeckt zu gut. Jetzt weiß ich, wieso Grietje so von dem Café geschwärmt hat. Kannst du die Kellnerin vielleicht noch einmal heranwinken, ich glaube, ich nehme glatt noch ein Stück Torte.«

Beim Reingehen hatten sie schon einen Blick auf die vielen Torten, Küchlein und Muffins geworfen. Nach langer Überlegung entscheidet Sonja sich für ein Stück Rhabarber-Baiser-Kuchen mit Mandelsplittern obendrauf, Max hingegen für eine kunstvoll aufgeschichtete Ostfriesentorte, einen »echten Klassiker unter den ostfriesischen Süßspeisen«, wie die Kellnerin erklärt.

Sonja tippt nach einem Blick auf den Klassiker, dass die Torte zu 99 Prozent aus Sahne besteht. Kein Wunder, dass Max zuschlägt. »Nehm ich glatt.« Er lächelt die Kellnerin an, wobei er sich sichtlich Mühe gibt, reines Hochdeutsch zu sprechen.

»*Löppt*. Sie kommen nicht von hier, oder?«, fragt die Kellnerin. Versuch gescheitert.

Sonja kichert, woraufhin sie diesmal einem Stupser ausweichen muss.

Max räuspert sich. »Hört man wohl, ge'? Meine Freundin ist gerade erst nach Leer gezogen und ich überlege mir noch, ob ich auch dauerhaft bleibe.«

»Wie schön! Ist es für Sie denn sehr anders hier? Bestimmt, nehme ich an.«

Doch bevor Sonja antworten kann, redet Max los. Sie wittert die Katastrophe. Meist fällt er ihr nur ins Wort, wenn er versucht, eine ganz, ganz schlechte Pointe zum Besten zu geben. Bevor ihr ein passendes Ablenkungsmanöver einfällt, legt er los: »Ach, wissen Sie, im Großen und Ganzen passt das schon.«

Oh nein, sie hatte recht, denn das war gerade offenbar sein Versuch, eine Spannungskurve aufzubauen. Danach folgte immer »der Witz«. Und sie behält recht.

Max stützt den Ellenbogen auf den Tresen und legt sein Kinn auf seiner Hand ab – betont beiläufig, wie er vermutlich denkt. Dann zwinkert er zu allem Überfluss der Kellnerin zu. »Nur, das eine rote Auge der Ostfriesen ist gewöhnungsbedürftig.«

Die Kellnerin, sichtlich verwirrt, schaut ihn mit gerunzelter Stirn an. »Rotes Auge?«

Das ist wie ein Autounfall, denkt Sonja. Sie reibt sich übers Schlüsselbein. Bitte, bitte keinen Ostfriesenwitz, aber da holt Max schon zum Todesstoß aus. »Na, wenn die Ostfriesen vergessen, den Löffel beim Teetrinken aus der Tasse zu nehmen.« Er kichert. Voller Selbstzufriedenheit, pointiert den Witz wiedergegeben zu haben, strahlt er die Frau an und nimmt schlürfend einen Schluck Tee.

Die Kellnerin jedoch lächelt Max mit zusammengepressten Lippen zu. »Ich schaue mal nach den Kuchen.« Max entgleisen die Gesichtszüge und er sieht wie ein Hund aus, dem jemand auf den Schwanz getreten ist. Wider Willen muss Sonja nun doch lachen.

Wat'n Mallöör

Der Schuss ging nach hinten los. Zunächst aber mal zum historischen Kontext. Anders als bei anderen Witzen über Bevölkerungsgruppen ist der Ursprung des Ostfriesenwitzes relativ genau bekannt: Eine Schülerzeitung hat den Stein ins Rollen gebracht. Genau genommen berichtete die Schülerzeitung eines Gymnasiums im Ammerland, das auch ostfriesische Schüler besuchten, zwischen 1968 und 1969 über den sogenannten »Homo Ostfriesiensis« – den vermeintlich schlichten Bewohner Ostfrieslands. Grundstruktur der Witze ist ein schlichtes Frage-Antwort-Schema. Es bedient sich des Klischees, Ostfriesen seien Kühe streichelnde, mit einem Zahn im Mund ihren Tee schlürfende Hinterwäldler, die ihre Füße noch nie über den Rand ihres Deichs hinausbewegt haben. Wiard Raveling, der als Lehrer an ebendieser Schule unterrichtete, veröffentlichte 1999 darüber die *Geschichte des Ostfriesenwitzes* in einem Buch.

Worüber zunächst nur die Ammerländer und Ostfriesen lachten, löste wenig später eine der größten Witzewellen Deutschlands aus. Lokale Medien wie Rundfunk, Zeitschriften und Zeitungen fingen an, sich der Witze zu bedienen. Schnell kamen auch überregionale Medien wie der *Spiegel* und der *Stern* hinzu und berichteten über die Nachbarschaftsstreitigkeiten zwischen Ostfriesen und Ammerländern. Die Witze wurden ganz nebenbei national publik. Nun muss man dazu sagen, dass die Ostfriesen selbst Teil der Lawine waren, die sie lostraten, und sich mit als Erste darüber amüsierten. So sollte man meinen, die nordwestdeutschen Hünen seien es auch, die am meisten darüber lachen. Größtenteils ist dem auch so.

Die Frotzelei hat deshalb noch lange nicht allen Ostfriesen gepasst. Ein Ostfriese schoss den Vogel ab: 2011 berichtete der *Spiegel* über einen Hörer, der den Radiosender FFN wegen Volksverhetzung anzeigte. Ihm zufolge diffamierten die Witze die Ostfriesen als ethnische Minderheit. Infolgedessen ermittelte die Staatanwaltschaft Osnabrück. Ostfriesische Politiker bis hin zum CDU-Generalsekretär hingegen empörten sich über ihren humorlosen Mitbürger. Das eigentliche Ziel der kleinen Sticheleien war eine neu zugezogene Moderatorin gewesen, eine Ostfriesin. Laut Programmdirektorin hatte diese Moderatorin am herzlichsten über die Witze der Kollegen gelacht. Das Strafverfahren wurde später übrigens eingestellt, der Kläger zog die Anzeige zurück.

Daran ist ziemlich gut erkennbar, dass ein flotter Ostfriesenwitz eine Gratwanderung sein kann. Trotzdem ist davon auszugehen, dass der Großteil der Ostfriesen über die Witze schmunzeln kann. Untermauert wird das durch den Umstand, dass ostfriesische Komödianten ihre Karriere auf dem Klamauk aufbauten: Karl Dall und Otto Waalkes ratterten solche Witze in ihrem Repertoire jahrzehntelang rauf und runter. Generell ist es dem Ostfriesen eigen, mit seiner Gelassenheit fast alles wegschmunzeln zu können. Schlussendlich rückt der Ostfriesenwitz den Ostfriesen zwar nicht gerade in das beste Licht, trotzdem vermarktet er die Region und verleiht dem Tourismus kräftig Aufschwung. Für den findigen Ostfriesen ein gefundenes Fressen. Wenn das kein Anlass zum Lächeln ist, was dann?

KLOOKSCHIETER: DIE TOP 10 DER OSTFRIESENWITZE

- Wie viele Ostfriesen braucht man, um eine Kuh zu melken? – Acht. Vier halten das Euter fest, die anderen heben die Kuh hoch und runter.
- Was macht ein Ostfriese mit einem Messer auf dem Deich? – Er möchte in See stechen.
- Was machen Ostfriesen, wenn der Strom ausfällt? – Sie gehen ans Meer und holen sich Watt.
- Warum streuen Ostfriesen Pfeffer auf den Bildschirm? – Damit das Bild schärfer wird.
- Kommt ein Ostfriese ins Musikgeschäft: »Ich hätte gern die rote Trompete und das weiße Akkordeon.« Daraufhin sagt der Verkäufer: »Den Feuerlöscher können Sie von mir aus mitnehmen, aber der Heizkörper bleibt hier!«
- Warum tragen Ostfriesen beim Zeitunglesen einen Helm? – Sie haben Angst vor Schlagzeilen.
- Was macht ein Ostfriese mit Eimer und Lappen am Strand? – Er putzt den Meeresspiegel.
- Warum essen Ostfriesen keine eingemachten Gurken? – Weil sie den Kopf nicht ins Glas bekommen.
- Wie versenkt man ein ostfriesisches U-Boot? – Man klopft, einer macht sicher auf.
- Was machen Ostfriesen mit einem Eimer voll heißem Wasser? – Sie frieren das Wasser ein: Heißes Wasser kann man immer gebrauchen.

12 AB IN DEN SIEBTEN OSTFRIESISCHEN HIMMEL

VOM WAHRZEICHEN OSTFRIESLANDS

Wahrlich, der Straßenbau in Ostfriesland ist keine Kunst. Die Straßen erstrecken sich vor einem, als hätte jemand eine Klopapierrolle fallen und wegrollen lassen und nie wieder aufgehoben. Nur der Horizont scheint sie in der Ferne zu begrenzen. Zumindest sieht es auf dem Weg nach Pilsum so aus, nah am Meer. Max blickt aus dem Fenster über die Felder, die gerade langsam aus dem Winterschlaf erwachen. Alle paar Meter brechen die ersten Krokusse aus der Erde. Wie schön das sein muss, wenn erst die Rapsfelder an den Seiten richtig blühen. Er beneidet Sonja um den Arbeitsweg, den sie ab Montag zur Redaktion in Emden haben wird. Durch den Rückspiegel schaut er auf die Hutablage und den kleinen Plüschelefanten, den Sonja ihm von ihrem letzten Termin mitgebracht hat. Er hofft wirklich, Otto vor Ort zu treffen. Vielleicht haben sie Glück. »Glaubst du, Motsi, wir kriegen was vor die Linse?«

KLOOKSCHIETER: DER OSTFRIESE DER HERZEN

Otto Gerhard Waalkes, 1948 geboren in Emden, ist Komiker, Musiker, Schauspieler und Comiczeichner. Er gilt als einer der erfolgreichsten Humoristen Deutschlands. 2007 belegte Otto in der ZDF-Sendung *Unsere Besten – Komiker und Co.* nach Loriot und Heinz Erhardt den dritten Platz.

Als Sohn eines Malermeisters wuchs er im Emder Arbeiterviertel Transvaal auf. Nach dem Abitur verschlug es ihn nach Hamburg, wo er Kunstpädagogik studierte. Hier wohnte er mit Marius Müller-Westernhagen und Udo Lindenberg gemeinsam in der Künstler-WG Villa Kunterbunt. Um sich das Studium zu finanzieren, trat er in kleineren Clubs auf, zunächst mit musikalischem Programm. Als seine Entschuldigungen, etwa fürs Fallenlassen des Mikros, angeblich besser ankamen als der musikalische Teil selbst, änderte er das Programm. Mit Erfolg: Die Clubs wurden größer, schnell wurde aus den kleinen Hamburger Kneipen die Westfalenhalle in Dortmund. Otto brachte jetzt Massen zum Lachen, fünf *Otto*-Filme folgten. Während bereits die ersten beiden Ottos Heimat aufgriffen, wohnt er im dritten Film im Pilsumer Leuchtturm in der Krummhörn, dem südwestlichen Zipfel der ostfriesischen Halbinsel, und verkauft Miniaturausgaben des Leuchtturms an Touristen.

Der Heimat ist Otto immer tief verbunden geblieben: So feierte er in Emden, seiner Heimatstadt, 2018 seinen 70. Geburtstag im dortigen Rathaus. Im Anschluss lud er alle Bürger Emdens auf den Rathausplatz zu Bratwurst und Bier ein, gab Ottogramme, äh ... Autogramme, und blödelte natürlich reichlich herum. Gleich in der Nähe des Rathauses am Delft steht übrigens auch das Otto Huus, wo Besucher die Ehre haben, seine ersten Bartstoppeln und sein erstes Kaugummi zu bewundern.

Dass seine Heimat wiederum auch ihm verbunden ist, steht außer Frage. Erst kürzlich wagte die Stadt Emden erneut den Vorstoß, ihren

Lieblingsbürger mit Ottifanten-Ampeln im Emder Verkehr zu würdigen. Der erste Anlauf scheiterte an der Straßenverkehrsordnung: Tierische Symbole sind nicht erlaubt, das Land Niedersachsen stellte sich quer. Doch die Ostfriesen blieben in gewohnter Manier stoisch, und für den nächsten Versuch gab's grünes Licht: Otto selbst ziert nun die Ampeln in Emden – die Grünphase zeigt ihn in seiner bekannten Hoppelhäschen-Haltung. Vier solcher Lichtsignale wurden am 22. Juni 2019 pünktlich zur Eröffnung der großen Otto-Ausstellung in der Kunsthalle Emden eingeweiht. Der Komiker findet das – natürlich – urkomisch und sieht darüber hinaus eine erzieherische Komponente: »Dann geht ganz sicher niemand mehr bei Rot über die Straße! Und bei Grün auch nicht.« Die Leute würden einfach stehen bleiben. »Dann wär's auch nicht mehr so hektisch.« Als wäre das in Ostfriesland jemals ein Problem gewesen.

»Sonja, pack die Kamera aus, es geht los.« Max knallt die Tür zu und geht als Erster auf dem schmalen Weg zum Leuchtturm hoch.

Irgendwie hatte sich Sonja den Turm ein wenig filigraner vorgestellt. So erinnert er sie eher an eine rot-gelb-rot gestrichene überdimensionale Konservendose vor blauem Himmel. Sie zuckt mit den Schultern. Solange Max sich freut. Als sie den Weg hochgehen, werden sie von den Schafen umher angeblökt, als würden sie die Tiere bei etwas Wichtigem stören. »Max«, ruft Sonja auf halben Weg zum Turm. »Von hier aus haben wir einen tollen Winkel, da kommen auch die Schafe mit drauf.«

»Ich will doch keine Fotos von den Schafen haben, Sonja!« Max läuft mit langen Schritten weiter.

Irritiert bleibt Sonja stehen »Wovon denn dann? Die gehören doch mit aufs Bild.«

Max dreht sich um und brüllt gegen das Blöken an: »Na, von Otto, du Otto.« Wieder kichert er über seinen – nun ja … Witz.

»Och, Max. Also ehrlich.« Sonja verdreht die Augen und schnaubt. »Du glaubst doch wohl nicht im Ernst, dass da der Otto drin wohnt?«

Wat'n Mallöör

Richtig ist, dass der Pilsumer Leuchtturm Otto Waalkes in seinem Film *Otto – der Außerfriesische* als Wohnung diente. Falsch ist Max' Vermutung, dass Otto Waalkes dort auch im echten Leben wohnt. Waalkes ist mittlerweile Wahl-Hamburger und lebt dort im Stadtteil Blankenese. Auch sollte man als Besucher nicht damit rechnen, den Leuchtturm von innen sehen zu dürfen – nicht immer ist er geöffnet.

Was aber stimmt, ist, dass der Leuchtturm sich zum Wahrzeichen Ostfrieslands gemausert hat. Auf der Webseite von Greetsiel können sich Interessierte vorab informieren, an welchen Tagen der Turm geöffnet ist und wann es Führungen gibt. Dabei erfahren die Besucher einiges über die Geschichte des kleinen Leuchtturms und den Nutzen des Deichbaus. Außerdem dürfen während der Touren natürlich die 28 Stufen erklommen werden. Wer sich nicht nur in seinen Partner, sondern auch in das gestreifte Bauwerk verliebt, hat Glück: Rund 200 Trauungen werden jährlich auf dem kleinen Turm abgehalten. Also dann – auf in den siebten ostfriesischen Himmel!

13 TROCKENER HUMOR

DER ERSTE STRAND DER WELT OHNE WASSER

»Mmh, ist das lecker.« Den Mund voll Matjes strahlt Max Sonja an, die nur den Daumen nach oben reckt. Zum Glück hat sie die Fischbude vom Deich aus gesehen. Nachdem Max sich eingestehen musste, dass er Otto nicht mehr treffen würde, war seine Laune gehörig in den Keller gegangen. Wie ein bockiges Kind schlurfte er bei dem Spaziergang über den Deich hinter ihr her und kickte Steine an den Wegrand. Sie verdrehte die Augen. Manchmal war er echt kindisch.

Nach dem Matjes-Brötchen nun wieder bestens gelaunt, schlendert Max pfeifend neben ihr her zum Auto. Was bei ihr morgens der Kaffee ist, ist für ihn wohl Essen. Auf dem Rückweg fahren sie zurück durch die Felder in Richtung Emden. Doch kurz vor der Autobahn überlegen sie es sich anders und halten noch einmal, um nach dem Weg zum Strand zu fragen. »Wo ich schon mal da bin«, sagt Max. Er kurbelt das Fenster runter, als sie an einem alten Mann vorbeifahren, und fragt ihn nach dem Strand.

»*Jo*, den gibt's hier, da müssen Sie da vorne nur links abbiegen.« Nach einem Grinsen, das Max misstrauisch beäugt, wendet er sich wieder ab und läuft weiter.

»Ich muss sagen, ich mag es nicht, wenn Ostfriesen grinsen, Sonja.« Max beobachtet mit schmalen Augen, wie sich der Mann entfernt. »Grietjes Oma hat auch immer gegrinst, wenn sie mich aufgezogen hat. Vielleicht sollten wir einfach aus Prinzip rechts abbiegen.«

Sonja lacht. »Jetzt hab dich nicht so, Max. Du wirst noch paranoid.«

Nach einigen Hundert Metern biegen sie nach links ab – und stehen vor dem ersten Trockenstrand der Welt. Kein Wasser weit und breit, sie befinden sich auf der Binnenseite des Deichs. Alles, was sie sehen, ist eine stinknormale Fläche, aufgefüllt mit Sand. Genau genommen liegt zu ihren Füßen ein riesiger Outdoor-Sandkasten, gesäumt von Strandkörben und umgeben von Grün. »Tja, Max. Ich hoffe, du hast deinen Spielzeugbagger dabei.«

Max schneidet eine Grimasse. »Also damit qualifizierst du dich nicht für Erwachsenensprüche.« Sonja kichert, als ihr Max mit seinem Zeigefinger in die Seite piksen will. Dann kratzt sich Max am Kopf. »Also wirklich. Den Humor verstehe mal einer. Und überhaupt. Ist ein Strand ohne Wasser überhaupt ein Strand?«

Sonja wirft den Kopf in den Nacken und schirmt ihre Augen mit der rechten Hand ab. »Genau genommen bleibt der nicht lange trocken.« Fingerkuppengroße Tropfen hinterlassen dicke Abdrücke im Sand, als die beiden sich umdrehen und zu ihrem Auto zurücklaufen.

Wat'n Mallöör

Genau genommen hat der Mann Sonja und Max nicht angelogen: Er hat ihnen den Weg zum Strand beschrieben, zum einzigen Strand, den es in Upleward gibt. Was er dabei ausgelassen hat, ist der Versuch der hiesigen Gemeinde, die Touristen mit dem Strand im Binnenland bei der Stange zu halten, seit der richtige Strand nicht mehr künstlich aufgeschüttet werden darf. Denn die Nordsee verleibt sich den Strand auf der Meeresseite des Deichs im Laufe der Zeit wieder ein. Das Gesetz des Nationalparks Wattenmeer verbietet das Wiederauffüllen des Strandes.

Kurzerhand verlagerten die Tourismusprofis also den Strand, geschickt verpackt als PR-Gag, hinter den Deich. Die Idee zündete. Größere Medien wie der *Spiegel* berichteten, es wurde amtlich: Die Ostfriesen besitzen den ersten Trockenstrand der Welt. Spätestens jetzt dürfte klar werden, dass sich die Ostfriesen durchaus gut darauf verstehen, Ostfriesenwitze für sich zu nutzen. Gelogen hat der Mann in Upleward also nicht. Die volle Wahrheit hat er Max und Sonja aber auch nicht erzählt, wissend, dass die beiden eigentlich das Meer sehen wollten. Also Obacht – die Ostfriesen haben einen Schalk im Nacken.

14 GANZ SCHÖN SCHRÄG

WER BRAUCHT PISA, WENN ES SUURHUSEN GIBT?

Sonja schmunzelt, als sie von der Hauseinfahrt in Loppersum Richtung Schnellstraße fährt. Europameisterin im Teddynähen – so etwas kann man sich nicht ausdenken. Sie freut sich schon darauf, den Kollegen in der Emder Redaktion davon zu berichten. Die Frau verkauft die Bären sogar für einige Hundert Euro nach China und Amerika. Sonja schüttelt den Kopf.

Seit ein paar Wochen arbeitet sie in Emden. Insbesondere Okko, ihren älteren Kollegen, mag sie gern. Zwar ist der genauso wortkarg wie der Rest, allerdings bringt er ihr mittwochs vom Emder Markt immer etwas mit, von dem er überzeugt ist, sie müsse es probieren. Gestern erst gab es einen Schokobeißer von der Bäckerei Ripken. Mmh. Apropos essen, ihr Magen grummelt. Auf dem Hinweg hat sie in Suurhusen eine Bäckerei gesehen, an der sie gleich wieder vorbeifahren wird. Vorbei an den strahlend gelb leuchtenden Rapsfeldern macht Sonja sich auf den Weg dahin.

Als sie aus der Bäckerei kommt, ziehen drei Reisebusse an ihr vorbei, die schräg gegenüber halten. Sie spucken eine Horde Touristen aus, die einen architektonisch nicht mehr ganz einwandfrei wirkenden, bröckelnden Kirchturm fotografieren. Sie meint unter den Besuchern sogar jemanden ein weißes Fähnchen schwingen zu sehen. Da wird es ja wohl keine Touristenführung geben?

Sonja geht näher an das alte Backsteingebäude heran. So nah es eben geht, ohne dass sie das Gefühl hat, im Weg zu stehen, sollte der Kirchturm umfallen. Das Gebäude sieht aus, als hätte es einen Schnaps zu viel gehabt. Na ja, oder derjenige, der es gebaut hat. Aufrecht steht der Turm jedenfalls nicht. Gut, dann war er also auffällig schlecht gebaut geworden – aber warum kommen Touristen her, um Selfies davor zu schießen? Und wer um Himmels willen geht dort freiwillig zur Messe rein? Das ist ja das reinste Himmelfahrtskommando. Sie wird die Reiseführerin fragen, die ihre Gruppe gerade mit ihrem Fähnchen in die Kirche hineinmanövriert.

Sie geht ein paar Schritte auf die Dame zu. »*Moin*, Häberle vom *Blattje*. Darf ich Sie fragen, wieso Sie hier Führungen machen?«

Die Frau im weißen Poloshirt mustert sie von Kopf bis Fuß. »Junge Dame, wissen Sie denn nicht, wovor Sie stehen? Sind Sie nicht von der Zeitung?«

Sonjas Wangen färben sich rot. Sie schüttelt den Kopf.

Die Frau schnalzt, bevor sie die Kirche betritt. »Sie stehen vor dem schiefsten Turm der Welt.« Sie sagt das mit einer solchen Inbrunst und so viel Stolz in der Stimme, dass Sonja fast glaubt, vor einer der riesigen Kathedralen in Rom zu stehen.

Sonja runzelt die Stirn und ruft der Frau hinterher: »Aber steht der nicht in Pisa?« Doch die Frau in dem Poloshirt hört sie nicht mehr, sie ist im Inneren der Kirche verschwunden.

Wat'n Mallöör

Suurhusen. Das kuriose Wahrzeichen kam, wie man sich vielleicht denken kann, eher ungewollt zustande. Der Kirchturm wurde 1450 erbaut und auf einem Fundament aus Eichenstämmen errichtet. Zunächst wurde das Holz vom Grundwasser umspült und somit konserviert. Als aber der Deichbau begann, sank das Grundwasser ab – die Bohlen lagen frei und zerbröselten mit der Zeit.

Bereits 1850 fiel den Gemeindemitgliedern ein leichter Überhang an ihrem Turm auf. Vier Jahrzehnte später kam die Bestätigung, nach einer Vermessung wurde der Dachreiter zur Entlastung entfernt. 1970 wurde den Suurhusern ihr Turm zu übermütig – das Betreten erforderte wohl eine Portion Gottvertrauen zu viel. Die Fenster wurden vernagelt, die Kirche gesperrt. Doch ganz wollten die Suurhuser ihren in Schieflage geratenen Turm nicht aufgeben. Zwar zogen sie zwischendurch in die neue Kirche Suurhusens um, ließen ihren alten Kirchturm aber mithilfe von Spendengeldern umfangreich sanieren. Ein neues Paar Schuhe folgte: Spezialisten ersetzten die Eichenstämme durch Eisenpfähle, der Giebel erhielt ein neues Stahlkorsett, das Unterwerk des Turms glänzte in neuem Kleid.

Seit 2009 kommen immer wieder Statikstudenten aus Magdeburg vorbei und prüfen, wie der Turm sich hält. Bislang schlägt sich das nach Westen gelehnte Gebäude wacker: Es ist so schräg wie eh und je. Mit 5,19 Grad Neigung hat der Suurhuser Turm den Schiefen Turm von Pisa übrigens vom Thron der schrägen Turmvögel gestoßen: Das berühmtere Mauerwerk weist gerade mal schlappe 3,97 Grad Neigung auf. Darüber können die Suurhuser nur müde lächeln – weshalb ihr Turm seinerzeit auch ins *Guinness-Buch der Rekorde* eingetragen wurde und der Turm aus Pisa weichen musste. Ein Fakt, auf den man in Ostfriesland stolz ist.

15 DAS LAND DER SONNTAGS-FAHRER

HIER VERKEHRT MAN EBEN ANDERS

Ein alter Mercedes, irgendwo zwischen Sandfarben und DDR-Tapetengrün, brummt in aller Seelenruhe auf der Fahrbahn vor sich hin. Auf der Hutablage nickt ein Wackel-Dackel, aus billigstem Material gefertigt, im Einklang mit dem Motor, daneben Klopapierrolle und Häkelschutz. Der Hut aber krönt nicht die Ablage, sondern den Fahrer. Bei heruntergelassenem Fenster hört dieser lautstark Radio Ostfriesland und fährt, wenn man es denn so nennen mag, mit stoischer Gelassenheit statt der erlaubten 100 Kilometer pro Stunde satte 50. Das darf nicht wahr sein, Sonja ist ohnehin spät dran. Grietje hat den Tee, auf den sie sich so gefreut hat, bestimmt längst serviert.

Während der Klang von Helene Fischer dank des heruntergelassenen Fensters zu ihr herüberschallt, schert Sonja wie schon die halbe Stunde zuvor nach links und rechts aus. Auf der Suche nach einer Überholmöglichkeit küsst sie mit ihrer Motorhaube beinahe das Heck ihres Vordermanns, wenn dieser plötzlich noch langsamer wird. Keine Chance für ein Überholmanöver, der Mann fährt mit seiner Karosserie auch noch mittig auf der Straße. Angst vor plötzlichem Gegenverkehr hat er jedenfalls nicht. Und warum auch?

Er würde ihn ohnehin in vielen Kilometern Entfernung erkennen können. Jetzt klopft er zu allem Überfluss noch im Takt der Musik gegen das Autoblech. Für Sonjas Schlüsselbein wäre es am besten, sie nähme einen Umweg. Wie sehr sie sich doch wünschte, hier gäbe es einen Berg, der ihren Vordermann einmal kräftig anschöbe. Nach weiteren zwanzig Minuten kommt endlich die Erlösung – sie kann vorbeiziehen. Hupend und mit knirschenden Reifen donnert sie an dem Autofahrer vorbei, der sich von Sonjas Gebärden relativ unbeeindruckt zeigt: Er hebt zum Abschied seinen Hut.

Würden Ohren bei Wutanfällen anfangen zu dampfen, Sonjas Ohrmuschel käme einer geöffneten Dampfsauna gleich. Sie stapft die Auffahrt zum Gulfhof hoch und auf Grietje zu, die es sich inmitten von Rhododendren mit ihrem Teeservice in einem dunkelgrünen Pavillon gemütlich gemacht hat. Kanne, Tassen, *Kluntjes* und Sahne stehen genussfertig auf kleinen Häkeldeckchen.

»Du glaubst es nicht, Grietje, ich wäre ja wirklich gern pünktlich gekommen, nur wollte das der Autofahrer vor mir offenbar nicht.«

Die Ostfriesin sieht von ihrem Tee auf.

Sonja lässt sich auf den Stuhl neben ihr fallen. »Also ehrlich, der war kurz davor, den Rückwärtsgang einzulegen, viel hätte nicht mehr gefehlt. Wofür habt ihr denn solche Linealstraßen, wenn ihr darauf wie eine Schnecke schleicht?« Sonja zetert weiter.

Grietje tätschelt Sonja zur Begrüßung den Arm, was ihre Freundin aber nicht wirklich registriert, sie ist mit Schimpfen beschäftigt. Grietje schmunzelt. Das stürmische Gemüt ihrer aufbrausenden Kollegin hat ihr gefehlt. Seitdem Sonja in Emden arbeitet, sehen sie sich seltener, weshalb sie sich über den Besuch freut. Wie herrlich sie sich doch echauffieren kann!

Sonja kommt zum Ende ihrer Tirade. »Und dann fährt der. Mitten. Auf. Der. Straße. Wo gibt es denn so was? Auf der Alb hätte es schneller gekracht, als der alte Mann hätte gucken können.«

Ihre Freundin schmunzelt. »Ich kann mir lebhaft vorstellen, wie du den armen Autofahrer traktiert hast.« Sonjas Wangen färben sich rot.

Grietje fährt fort: »Meine Oma fährt auch immer in der Mitte, hat irgendwas mit Wildwechseln zu tun, sagt sie. Wobei es im Rheiderland eigentlich wenig Raum für überraschenden Wildwechsel gibt, so auf freiem Land, aber du kennst ja alte Leute.« Grietje kichert. »Hier ticken die Uhren eben ein bisschen anders. Iss erst mal ein Stück Rosinenbrot und nimm einen Schluck Tee.«

Nachdem Grietje ihr eine Tasse Tee eingeschenkt hat, lehnt Sonja sich zurück. Auf den Tee hat sie sich schon gefreut. Zwar holt sie sich noch ab und an den leckeren Kaffee aus dem Café um die Ecke, allerdings ertappt sie sich immer häufiger dabei, wie sie sich zu Hause einen Tee zubereitet. Die Sonne hat die Terrasse über Mittag so weit erhitzt, dass die Steine zu ihren Füßen noch ein wenig warm sind. Sie lässt den Blick über den großen Garten schweifen. Irgendwo auf der Nachbarweide muhen leise Kühe. Sonja nimmt einen Schluck Tee und stößt einen wohligen Seufzer aus. Dann isst sie einen Happen von dem leckeren Brot und streckt die Beine aus. Wieso sie gerade noch so aufgebracht war, hat sie vergessen.

Wat'n Mallöör

Wer aus der Großstadt kommt, hat es nicht leicht. Gerade außerorts kann eine Autofahrt in Ostfriesland zur Zerreißprobe fürs Gemüt werden. Die Sonntagsfahrerei hat aber einen Grund: Viele ältere Menschen sind vor allem auf dem Land auf ihr Auto angewiesen. Öffentliche Verkehrsmittel fahren nur unregelmäßig, schon der nächste Supermarkt kann eine halbe Stunde entfernt sein. So muss zu bestimmten Uhrzeiten sogar ein Anrufbus kontaktiert werden (das ist kein Scherz, den gibt es wirklich), Linienbusse sind selten.

Das führt leider dazu, dass sich viele Ostfriesen auch im hohen Alter hinters Steuer setzen und dabei die Höchstgeschwindigkeit nicht einmal ansatzweise erreichen. Wer sich also auf die geraden Strecken zum Überholen und Rasen freut, wird schnell eines Besseren belehrt – zum Glück. Denn trotz der wenigen Kurven sollten Besucher die Straßen nicht unterschätzen. Oft passieren gerade deshalb furchtbare Unfälle. Durch die langgezogenen Strecken verschätzen sich die Fahrer mitunter bei Überholmanövern. Bei den erlaubten Geschwindigkeiten ist das fatal.

Darüber hinaus ist es schon ein ums andere Mal passiert, dass ein Radiosprecher im Radio einen auf der A31 zockelnden Trecker gemeldet hat. Autofahrer sollten also wachsam und auf etwaige Vorkommnisse vorbereitet sein.

Kurzum: In Ostfriesland ist jegliche Eile fehl am Platz. Hier scheint es, als hätten die Einwohner die Ruhe mit der Muttermilch (oder dem Tee) aufgesogen. Vieles passiert hier einfach langsamer als anderswo. So rammte beispielsweise im Dezember 2015 ein Frachtschiff das geschlossene Klappteil der Friesenbrücke bei Weener. Seitdem kann die Überführung nicht mehr genutzt werden. Der Zugverkehr aus den Niederlanden endet nun in Bad Nieuweschans vor der deutschen Grenze und wird wunderbar entschleunigt mit Omnibussen weitergeführt. Wann die Brücke wieder einsatzbereit ist? 2024 – im günstigsten Fall.

Aber fahren Urlauber nicht auch wegen ebendieser Entschleunigung nach Ostfriesland? Wenn es nach den Urlauberzahlen in Ostfriesland geht, scheint der gemächliche Alltag den Tourismus nicht auszubremsen. Im Gegenteil, vielen scheint die Gemächlichkeit zu gefallen, die Auszeit vom hektischen Alltag, von den stetig tickenden Uhren und von Menschen, die wie Aufziehmännchen danach funktionieren.

Wer trotzdem mit Treckern auf der Autobahn und Autofahrern auf dem Mittelstreifen hadert, trinkt erst einmal ein paar Tassen des nordischen Zaubertranks, denn in Ostfriesland heißt es nicht umsonst: Abwarten – und Tee trinken.

16 GEGENWIND FORMT DEN CHARAKTER

ODER: STURM IST ERST, WENN DIE SCHAFE KEINE LOCKEN MEHR HABEN

Darauf hat sich Sonja schon den ganzen Winter gefreut: Endlich ist es so weit, sie kann das Fahrrad rausholen und die Landschaft ohne Auto erkunden. Nach der letzten Pleite mit dem Auto eine Wohltat. Heute kann sie kein Sonntagsfahrer aufhalten, mit dem Rad wird sie einfach lässig vorbeikurven. Ohne Berge wird das ein Kinderspiel. Beschwingten Schrittes schiebt sie ihre neueste Errungenschaft, ein Hollandrad, aus der kleinen Efeu-Gasse heraus.

Gemeinsam mit Grietje möchten sie die erste Etappe der Dollard-Route fahren, die in Leer beginnt und über Weener und Papenburg führt. Bei einem Termin hatte Sonja aufgeschnappt, dass es sich dabei um eine besonders schöne Fahrradstrecke handelt. Sie hat die vergangenen Tage so viele Fahrradfahrer gesehen, da will sie unbedingt einen Ausflug unternehmen. Sie vermutet, dass die hohe Anzahl der Fahrradfahrer darauf zurückzuführen ist, dass das Fahren hier so einfach ist. Immerhin sind weit und breit keine Berge in Sicht. Sollte es jemand drauf anlegen, kann er einen Deich hochfahren – und das würde Sonja angesichts ihrer Kindheit vermutlich noch mit neunzig schaffen. Von klein auf ist sie mit ihrem Vater in Süddeutschland Fahrrad gefahren. Das waren natürlich ganz andere Verhältnisse. Zwar haben die Touren wegen der anfangenden Rückenprobleme ihres Vaters die letzten Jahre abgenommen, trotzdem fühlt sie sich top in Schuss.

Ein Rad wie dieses hat sie aber noch nie gefahren. Sie hat es aus einem Radgeschäft nahe der Altstadt, das Hajo Otten heißt. An die Namen kann sie sich einfach nicht gewöhnen. Schon so manches Mal hat sie bei einem Termin ein Schnauben zurückhalten müssen. Aber wer heißt denn schon Hajo oder Jantje oder auch Meta? Grietje hat ihr erzählt, dass es gar männliche und weibliche Varianten desselben Namens gibt. So existieren neben Heiko, Dieter und Gerhard die weiblichen Pendants Heike, Diederine und Gerhardine. Bei der Erwähnung von Gerhardine und Diederine hat sie auch nur ein ganz kleines bisschen gelacht. Hätte Frau de Boer ihr nicht einen tadelnden Blick zugeworfen, hätte sie vermutlich in den Tee geprustet.

Jedenfalls gibt es so etwas in Süddeutschland nicht, weder Fahrräder wie jenes, das sie gerade schiebt, noch die denkwürdigen Namen. Letzteres entfacht bei ihr eher mäßigen Neid, wohingegen das Hollandrad wirklich etwas Besonderes ist, wie sie findet. Auf dem breiten, gut gefederten Sattel könnte sie glatt den ganzen Tag sitzen. Besonders angetan hat es ihr aber der gereckte Schwanenhals des Lenkers und der hübsche Gepäckträger mit den kleinen Gummibändern. Sonja hat sich beim Probesitzen bei Hajo Otten mit dem niedrig eingestellten Sattel und dem hohen Lenker richtig hoheitlich gefühlt. Ohne zu zögern hat sie das Fahrrad direkt mitgenommen. Max würde Augen machen. Sie freut sich schon auf seinen Besuch in zwei Wochen. Vorher klappt es leider nicht mit einem Wiedersehen, da sie wieder Wochenenddienst und seine Mutter das Wochenende darauf Geburtstag hat.

KLOOKSCHIETER: DIE DOLLARD-ROUTE

Deiche, Möwen, Seeluft: Der etwa 300 Kilometer lange deutsch-niederländische Rundkurs hat einiges zu bieten. Er besteht seit 1996 und beginnt im ostfriesischen Leer. Von dort aus führt er Radfahrer durch das Emsland bis hin zur niederländischen Provinz Groningen. Vorbei an den gewässerreichen Polderlandschaften des Rheiderlands führt die Dollard-Route durch Hafenstädte, historische Stätten, vorbei an Fehnhäusern und zahlreichen Fischrestaurants. Besonders an der Strecke ist auch, dass die Radfahrer größtenteils unter dem Meeresspiegel fahren, da die Ostfriesen das Gebiet der See abringen mussten. So sind Polder entstanden – eingedeichte, niedrige Gebiete in Gewässernähe.

So schön und friedlich wie heute war es in der Landschaft aber nicht immer. So rissen am 13. Januar 1362 Fluten der Nordsee die damals noch von Hand errichteten Deiche ein und überschwemmten Klöster, fruchtbares Land und Siedlungen. Seitdem wüteten immer wieder Wassermassen in den Gebieten, einmal gingen 30 Ortschaften dabei unter. Heute sind die Systeme ausgeklügelter, die Ostfriesen handeln getreu dem Motto: Wer nicht weichen will, muss deichen. Trotzdem rechnen Wissenschaftler im Zuge des Klimawandels mit einem Anstieg des Meeresspiegels – und damit auch mit erhöhter Sturmgefahr.

Bislang halten die grasgrünen Riesen aber stand und ermöglichen Urlaubern eine sichere und schöne Fahrradtour entlang ostfriesischer Natur. Wer beim Radfahren entlang der Dollard-Route irgendwann müde wird und Lust auf eine kleine Verschnaufpause und Meer bekommt, darf sich freuen: Er kann während der Überfahrt mit der *Dollard*, dem Fahrgastschiff, das die Häfen von Ditzum, Emden und Delfzijl anläuft, bequem seine Füße hochlegen und sich den Wind um die Nase wehen lassen. Dabei hat man einen wunderbaren Blick auf die Flora und Fauna des Wattenmeers. Wer dann noch immer nicht von Salzluft die Nase voll hat, kann auf die Nordseeinsel Borkum übersetzen, die von Eemshaven und Emden täglich erreicht werden kann.

»*Jasses*, jetzt machst du's dir aber heimisch, wa?« Grietje reckt den Daumen in die Luft, als sie Sonjas Fahrrad sieht. Sie sitzt mit überkreuzten Knöcheln auf den ausladenden Treppenstufen des historischen Rathauses und hat ihr Fahrrad neben sich geparkt.

Sonja strahlt. »*Na ja, wat mutt, dat mutt!*« Sie hat ihre Hausaufgaben gemacht. Heute wird sie es Grietje zeigen.

Prompt zieht diese die Augenbrauen hoch. »Seit wann sprichst du Plattdeutsch? Und noch dazu ansatzweise richtig betont?«

Sonja streicht betont beiläufig über den glänzenden Sattel ihres neuen Rads. »Ich bin wohl einfach dabei, mich einzuleben.« Sie wird ihr nicht erzählen, dass sie sich abends vorm Einschlafen täglich den Ostfriesen Keno Veith beim Plattreden auf Youtube ansieht. Den Satz gerade eben hat sie grob geschätzt eine halbe Stunde in Dauerschleife gehört und wiederholt.

Grietje aber zuckt nur mit den Schultern und steigt aufs Rad. Mit einem »Mir nach!« fährt sie los in Richtung Neue Straße. Sonja schwingt sich ebenfalls in den Sattel und zieht zusammen mit Grietje vorbei an der geliebten Rösterei. »Wir wollen's mal nicht gleich übertreiben und fahren erst mal nur nach Weener, den Autoweg kennst du ja schon. Nur für den Fall, dass ich dir abhaue.« Grietje zwinkert ihrer Freundin zu.

Von wegen, denkt sich Sonja, lächerlich, lächelt ihrer Freundin aber zu. Mit durchgestrecktem Rücken reckt sie ihren Kopf und zieht, wie sie findet, vornehm an den bunten Häusern der Altstadt vorbei. Soll Grietje ruhig denken, dass Sonja sie nicht einholen könne, wenn sie wolle. Als sie einige Minuten später zur Jann-Berghaus-Brücke gelangen, legt sie los. Mit einem »Herrlicher Tag, nicht wahr?« zieht sie übermütig an Grietje vorbei.

Das Wasser glitzert wie eh und je links und rechts, nur ein paar graue Wolken sind in Sicht. Top Witterungsverhältnisse also, denkt Sonja, und brettert vergnügt im dritten Gang über die Brücke. Doch inmitten der Überfahrt bremst ihr Fahrrad sie plötzlich aus. Routiniert, wie sie ist, schaltet sie gleich in den zweiten Gang und tritt kräftiger in die Pedale. Doch wirklich Fahrt aufnehmen kann sie nicht.

Nach dem Überqueren der Brücke fahren sie durch Polderlandschaften. Einige Minuten später spürt Sonja das erste Ziehen in ihren Muskeln. Gut, denkt sie. Kein Problem, dann tritt sie eben kräftiger in die Pedale. Bemüht, sich nichts anmerken zu lassen, versucht sie, ihren Atem zu beruhigen. Als sie nach links zu ihrer Freundin schielt, sieht sie, dass Grietje weniger Probleme zu haben scheint. Sie genießt die Fahrt geradezu und fängt an, Sonja nach ihrem Wochenende zu fragen. Kurz und knapp beantwortet Sonja die Fragen, bevor sie in den ersten Gang runterschalten muss. Ein Schweißtropfen rinnt ihr den Nacken herunter, als sie sich nach oben stemmt und in den Pedalen stehend weiterstrampelt. Doch das Runterschalten scheint nichts gebracht zu haben, zwar tritt sie wie eine Verrückte in die Pedale, wird dabei aber nicht gerade schneller. Sie muss auf dem Fahrrad wie ein Hamster auf Speed aussehen. Trotzdem hat sie das Gefühl, rückwärts zu fahren. Und tatsächlich fängt Grietje nun an zu pfeifen und überholt Sonja mit einer Leichtigkeit, die ihre Muskeln schon beim Hinsehen vollends übersäuern lässt.

Frustriert springt sie vom Rad und nimmt den Helm ab. Das kann nicht mehr an ihr liegen. Entnervt brüllt sie: *»Grietje, anhalten! Das blöde Ding ist kaputt, Zefix!«*

Sofort hält Grietje an, steigt vom Rad und löst den Ständer, um zu ihr zu trotten. »Oh, so was Doofes! Dabei sind wir noch nicht mal in Weener. Warte, ich schaue mir das mal an.« Fachmännisch kontrolliert sie die Kette und die Reifen ihrer Freundin, bevor sie anfängt zu kichern.

»Also was daran nun lustig sein soll, erschließt sich mir nicht ganz.« Sonja verschränkt die Arme. »Das Ding war ganz schön teuer. Sieht schick aus und fährt einen Scheiß zusammen. Bombenqualität habt ihr Ostfriesen da! Ich werde Max bitten müssen, mir mein Mountainbike mitzubringen.«

Jetzt schaut Grietje zaghaft von dem Rad zu ihrer Freundin auf. »Du, Sonja, ich glaube, mit dem Rad ist an sich nichts verkehrt.«

Sonja schnaubt. »Na klar, und wieso fahr ich dann rückwärts?« Beleidigt stemmt sie die Hände in die Hüften. »Du willst ja wohl nicht behaupten, dass es an mir liegt, dass ich so langsam bin. Das bilde ich mir doch nicht ein.«

Doch wie sie da so mit rotem Gesicht steht und zetert, kann Grietje gar nicht anders – sie lässt sich ins Gras fallen und kichert. Als sie sich beruhigt hat, stupst sie ihre Freundin vorsichtig an. »Meine liebe Sonja, hast du schon mal was von Gegenwind gehört?«

Wat'n Mallöör

In Ostfriesland ist es windig, wenn der Wetterstein nicht mehr an seinem Faden baumelt. Solche Sprüche tragen einen wahren Kern in sich. Hier weht der Wind stärker und häufiger als im deutschen Durchschnitt, die norddeutsche steife Brise ist kein Mythos. Dass vor allem das Hollandrad mit seinem aufrecht sitzenden Fahrer in Sachen Aerodynamik nicht unbedingt das beste Fortbewegungsmittel ist, hält Ostfriesen noch lange nicht davon ab, damit durch die Gegend zu fahren. Besucher, die aus südlicheren Gegenden anreisen, können die Fahrt schon einmal unterschätzen: Wo kein Berg ist, ist auch kein Windschutz.

Auf eine schöne Radtour entlang der Dollard-Route muss deshalb niemand verzichten. Es soll in Ostfriesland auch Tage geben, an denen es nicht ganz so arg windet. Zur Not bietet sich immer noch das elektrische Gegenstück an, das E-Bike: Interessierte können beispielsweise auf der Internetseite www.ostfriesland.de sogenannte Rückenwindräder finden – ganz bequem mit Bring- und Abholdienst.

17 NUR EINE KANN MISS OSTFRIESLAND WERDEN

... UND DIE IST BESONDERS HAARIG

Nachdem sie sich rechtzeitig von dem Muskelkater und den Strapazen des Fahrradausflugs erholt hat, ist Sonja froh, ihre hohen Schuhe tragen zu können. Gern hat sie sich am Freitag auf dem Weg in den Feierabend freiwillig gemeldet, um den Sonntagsdienst und die Veranstaltung zu übernehmen. Doch jetzt rümpft sie die Nase. Sie hat nordische Schönheiten erwartet, Parfümdunst, Glamour. Stattdessen nehmen ihre Sinne bislang nur eines wahr: Kuhmist. Offensichtlich finden hier auch andere Veranstaltungen statt. Mit hochgehaltener Kamera geht sie an den Menschen vorbei, die am Eingang Schlange stehen. Doch so übel kann die Wahl der Miss Ostfriesland der Masse an Leuten nach nicht sein. Schönheitswettbewerbe hat sie schon immer gern angesehen. Vielleicht versteckt sich dahinter der Traum, selbst einmal auf der Bühne zu stehen und gesehen zu werden, weshalb auch trashige Fernsehformate wie *Germany's Next Topmodel* seit Jahren erfolgreich laufen. Bitter eigentlich.

Sie bahnt sich den Weg durch die Menschen, vorbei am Drehkreuz, über die ziegelsteinroten Pflastersteine der Ostfrieslandhalle. Klackernd hallen ihre Schritte nach. Entsprechend dem Anlass hat sie sich von Max die hohen Schuhe und das bodenlange Kleid ihrer Abschlussfeier schicken lassen. Voller Genugtuung stellt sie fest, dass ihr die Blicke der Menschen, die sie hinter sich lässt, folgen. Offenbar hat sie sich für das richtige Outfit entschieden. Selbst der Mann, der sie zu den Presseplätzen führt, quittiert ihr Auftreten mit einem leisen Pfiff und dem Lupfen seiner Mütze. Das Anheben der Kette, die die Presse-Plätze sichert, begleitet er mit einem: »*Sapi!* Sie haben sich aber rausgeputzt.«

Mit übereinandergeschlagenen Beinen nimmt Sonja Platz und widmet sich ihrer Umgebung. Dabei stellt sie fest, dass die Konkurrenz es mit dem inoffiziellen Dresscode für etwaige Veranstaltungen nicht so genau genommen hat, im Gegenteil. Ein Mann, dessen Bauch über den Bund einer Jeans hängt, die vermutlich nicht vintage, sondern einfach nur alt ist, sitzt zu ihrer Rechten, wohingegen sich zu ihrer Linken eine Frau mittleren Alters in einer dieser Allwetterjacken mit Pfotenabdruck leidenschaftlich eine Currywurst einverleibt. Innerlich verdreht Sonja die Augen. Mit der Selbstachtung einiger Kollegen ihres Berufsstandes ist es nicht weit her. Nun denn, das soll nicht ihr Problem sein.

Etwa zweitausend Leute müsste die Halle fassen, die sich zusehends füllt. Immerhin ist die Veranstaltung nicht die erste, die sie journalistisch begleitet. Die Wahl der Miss Ostfriesland scheint ein echter Publikumsmagnet zu sein. Nur der Boden, den die Zuschauerränge umgeben, scheint ihr auf den zweiten Blick für eine Miss-Wahl ungeeignet zu sein: Sand. Aber wer weiß – vielleicht fangen die Models mit einem Bikini-Walk an? Ihr Blick geht zur Uhr, die Halle ist gut gefüllt, der Moderator, ein plumper Mann mit schütterem Haar, greift zum Mikrofon. »Welche hat die wohlgeformtesten Rippen, welche Fesseln sind die straffesten, welche Euter die festesten?« Der Mann am Mikro zwinkert und macht eine ausladende Geste in Richtung des Ganges, der in die Manege führt.

Empört dreht sich Sonja zu der Frau mit der Currywurst um. »Haben Sie das gehört? Das ist ja un-er-hört, so etwas Sexistisches.«

Der Mann zu ihrer Rechten sinkt stöhnend in seinen Sitz. »Nicht im Ernst, da fängt dat Gendern schon bei Kühen an«, wobei er Gendern wie Dschendern ausspricht.

Sonjas Augenbrauen schnellen in die Höhe. »Kühe? Das wird ja immer schöner – und das als Journalist, Sie sollten sich was schämen.« Sie schüttelt fassungslos den Kopf. Da steigt ihr der Geruch in die Nase, der sie schon beim Betreten der Halle hat innehalten lassen. Soeben schreitet die Quelle des Übels durch den Gang. Das erste Model, die »grazile Grace«, wie die Stimme des Moderators verkündet, betritt die Manege.

Die Frau mit der Currywurst folgt Sonjas verdattertem Blick und lacht. »Wir sind hier in Ostfriesland, junge Dame, dort, wo mit der Miss-Wahl noch immer die schönste Kuh ausgelobt und prämiert wird. Hier ist die Welt noch in Ordnung.« Dann fügt sie mit einem Blick auf ihre spärliche Garderobe hinzu: »Sagen Sie mal, frieren Sie nicht? Ich habe noch einen Schal im Auto, wenn Sie wollen?«

Wat'n Mallöör

Was ist diesmal schiefgelaufen? Nun, die grazile Grace schon mal nicht, das steht fest, der Walk war einwandfrei. Denn tatsächlich hat erst vor Kurzem eine Kuh, die diesen Namen trug, den Titel Miss Ostfriesland 2019 errungen. 14 Jahre jung und mit einer Lebensleistung von 95.000 Kilogramm Milch setzte sich die Dame damals gegen ihre Mitstreiterinnen Edelweiß und Peru durch. Der Besitzer schlang am Ende der Miss-Wahl, natürlich zu Tränen gerührt, seine Arme um den fleckigen Kuhhals – obwohl Grace zu den Dauer-Abräumern gehörte und zum dritten Mal in Folge das Siegertreppchen erklomm.

Da hat Sonja offenkundig etwas furchtbar missverstanden, etwas Grundsätzliches. Um das Fettnäpfchen mit einem Ostfriesen-Witz einzuleiten: Woran merkt man, dass man in Ostfriesland ist? – Die

Kühe sind schöner als die Frauen. Zwar sind die Zeilen ein alter Witz, über dessen Gehalt man sicher streiten kann, zumal Ostfriesland mit Luisa Hartema bereits eine *Germany's Next Topmodel*-Siegerin stemmen konnte (nicht dass das etwas heißen würde). Trotzdem ist der Miss-Wahl und der Tatsache, dass Kühen Witze gewidmet werden, zu entnehmen, dass Kühe für Ostfriesland eine überaus wichtige Rolle spielen. So wichtig, dass die Miss Ostfriesland keine langbeinige Blondine ist, sondern eine Kuh.

In Ostfriesland gibt es mehr als 2.000 Milchviehbetriebe mit etwa 150.000 Kühen, und die Flächen, auf denen die Tiere stehen, sind meist nur als Dauergrünland nutzbar. Neben dem Tourismus und der Fischerei ist die Landwirtschaft also noch heute ein wichtiges wirtschaftliches Standbein der Region. Noch dazu ein sehr schmackhaftes, wie auch Radfahrer in Ostfriesland schnell erfahren werden: Dank der Idee der inzwischen verstorbenen Landwirtin Friedel Schumacher und besonders tatkräftiger Landfrauen gibt es seit 2001 die sogenannten *Melkhuske*, die umgeben von ostfriesischem Grün entlang der Radrouten Urlaubern und Einheimischen ihre frischen Milchprodukte anbieten.

Um zum Punkt zu kommen: Ostfriesland ohne Kühe ist nicht Ostfriesland. In logischer Konsequenz wird die Kuh also mit der Miss-Wahl angemessen zelebriert. Und wer sich Bilder der Vierbeiner zu Gemüte geführt hat – wer kann es den Ostfriesen bei diesen schwarz-weiß gefleckten Prachtexemplaren verdenken?

18 DIE PIONIERE DES PLATT-SCHILDS

IDENTITÄTSKRISEN IM VERKEHR

Immerhin arbeitet Sonja die nächsten zwei Wochen in Aurich und erspart sich damit die Schmach in Leer. Der beleibte Kollege von der Konkurrenz hat sie doch glatt in die Bildergalerie seiner Miss-Wahl-Fotos aufgenommen. Als sie sich dann bei Grietje zu Hause hat erholen wollen, kam zu allem Überfluss Frau de Boer herein und zerschmetterte ihr letztes bisschen Würde mit dem Kommentar, sie habe sich nicht mal an ihrer eigenen Hochzeit so herausgeputzt wie Sonja bei der Miss-Wahl (was sie ihr definitiv glaubt in Anbetracht dessen, dass sie die Frau noch nie in etwas anderem als einer ausgebeulten und fleckigen Jeans gesehen hat). Dann setzte die alte Frau noch nach und fragte, ob Sonja gehofft hätte, im Publikum entdeckt zu werden. Ha. Ha. Ha. Bei einem Schönheitswettbewerb für Kühe. Ja, die Veranstaltung hätte man googeln können und müssen. Irrtümlicherweise hatte sie aber angenommen, der Titel der Veranstaltung, nämlich Miss-Wahl, sei deutlich genug. Wenn sie nur daran denkt, krampfen sich ihre Finger vor Wut und Scham ums Lenkrad. Von wegen in Ostfriesland kann es so anders nicht sein.

Um sich den Weg zur Arbeit wenigstens ein bisschen zu verschönern, hat Sonja sich deshalb für die Fahrt über Großefehn entschieden. Eine Kollegin aus Aurich hat ihr von den schönen Klappbrücken erzählt. Mit dem Sonnenaufgang am Himmel fährt sie durch die Felder. Dichter Nebel liegt wie ein ausgerollter Wattebausch auf den Feldern. Beinahe mystisch wirkt die Umgebung, als Sonja auf den Weg am Kanal abbiegt. Müde schwingt eine Mühle im Galerieholländer-Stil ihre Flügel. Eine weiße Klappbrücke stützt sich übers Gewässer, und obwohl auch Häuser den Kanal säumen, strahlt die Gegend vor allem Ruhe aus. Sonja kurbelt das Fenster runter und atmet tief ein.

KLOOKSCHIETER: DAS FEHNTJER TIEF

Den Namen hat dieser ostfriesische Landstrich dem Wort *Fehn* zu verdanken. Das bedeutet so viel wie Morast, Sumpfland – oder auch Moor. Das Tief führt von der Gemeinde Großefehn im Landkreis Aurich in westlicher Richtung bis nach Emden.

Vier Emder Bürger begannen dort, wo heute der malerische Ort Großefehn liegt, während des Dreißigjährigen Kriegs Torf zu stechen. Dieser diente dem Heizen – zu damaligen Zeiten ein lukratives Geschäft. Um das Brennmaterial transportieren zu können, schufen die Männer Wege durchs Moor. Auf den Kanälen und den Seitenkanälen, den *Wieken,* brachten beladene Kähne, sogenannte *Törfmuttjes,* das Brenngut fort. In diesem Zuge entstanden auch die typischen weißen Klappbrücken, die mit Fuhrwerken über- und mit Torfkähnen unterquerbar sein mussten. Das Geschäftsmodell des Torfbaus sorgte zugleich dafür, dass sich entlang der Wasserwege nach und nach Schiffswerften ansiedelten, die bis ins 20. Jahrhundert betrieben wurden.

Hauptsächlich verdienten mittellose Bauernsöhne und Knechte der Geestdörfer als Torfschiffer ihr Geld. Sie brachten das Heizmaterial vom *Fehn* nach Emden und Leer. Doch nicht nur dorthin verschifften sie das Gut, einige Mutige verließen sogar die Küstengewässer und bereisten die Weltmeere. Überbleibsel ihrer Rückkehr sind noch heute zu bewundern: die schmucken Kapitänshäuser in Westgroßefehn.

An dem Galerieholländer vorbei, lässt Sonja einige Minuten später das Dorf hinter sich und landet wieder auf der Landstraße. Sie nimmt sich vor, noch einmal zurückzukommen und sich mit Max die Mühle genauer anzuschauen. Als sie knapp zwanzig Minuten später Aurich erreicht, stutzt sie. Zwar sagt ihr das Navi mit blecherner Stimme, dass sie dort ist. Die Aufschrift auf der Beschilderung aber verwirrt sie: Dort steht in schwarzer Schrift Aurich, darunter aber das Wort Auerk. Spinnt das Navi? Ob es sich um eine Gemeinde der Stadt Aurich handelt? Ist sie falsch abgebogen? Bevor sie sich noch einmal verfährt und zu spät kommt, kramt sie seufzend ihr Handy aus der Tasche. »Ja, *moin*, Dieter. Ach, Grietje ist nicht am Platz. Ja, Sonja hier. Ja, mal wieder, genau.« Sie verdreht die Augen. »Du, ich habe da eine Frage: Ich wollte eigentlich nach Aurich, bin aber in Auerk gelandet – wie komme ich denn zur Redaktion?« Dieter schnauft. »Ich würde sagen, du hältst das Lenkrad gerade und gibst Gas, ungefähr 200 Meter lang. Oder muss ich dir jetzt erklären, wie man Auto fährt?«

Wat'n Mallöör

Es war ein langer Weg bis zu dem Tag, als das brandneue Platt-Schild in Aurich in den Boden gerammt werden durfte. Denn auf Platt gibt es allerlei Namensvarianten für Aurich. Umso größer der Triumph, dass Aurich die erste Stadt sein durfte, die ein zweisprachiges Platt-Schild aufstellte. Auch andere Kommunen liebäugeln derweil mit der Marketing-Idee: Der Krummhörner Rat möchte dem Beispiel folgen und stolze 19 Dorfschilder zusätzlich mit dem Platt-Schriftzug schmücken.

Dabei ist das Prozedere kein Kinderspiel; das Thema Platt nehmen Ostfriesen wahrlich nicht auf die leichte Schulter. Die Suche nach dem richtigen Platt-Namen für Aurich gestaltete sich deshalb schwierig: Klangvolle Namen wie Aurike, Awerck und Aurickeshove konkurrierten mit Aurek und stellen nur einen kleinen Teil der Auswahl dar. Über ein Dutzend Schreibweisen der Stadt sind bekannt. Das machte die Suche nach dem finalen Platt-Namen und vor allem auch die Überzeugung der Jury nicht leichter. Nach Gutdünken dürfen Bürger in Bürokratie-Deutschland, das auch vor Ostfriesland nicht haltmacht, ihre Ortsschilder nämlich nicht austauschen. So muss die zweisprachige Beschriftung auf einen geschichtlichen Hintergrund zurückgehen. Tatsächlich ist in Niedersachsen seit dem Jahr 2009 vorgeschrieben, welches Verfahren Kommunen durchlaufen müssen, wenn sie zweisprachige Ortsschilder aufstellen wollen. Die Kultur-Institution Ostfriesische Landschaft prüft und bewilligt die Ideen – sofern der Vorschlag den Ansprüchen genügt. Alternativ übernimmt das Institut für niederdeutsche Sprache in Bremen die Aufgabe.

Einfach machen sich die Kontrolleure die Arbeit nicht: Ein 300-seitiger Wälzer der Ostfriesischen Landschaft, gespickt mit allerlei Flur- und Spitznamen ostfriesischer Siedlungsgebiete, soll der Willkür einen wissenschaftlichen Riegel vorschieben. Doch schon auf dem Weg dorthin gibt es viel Besprechungsbedarf: So wird etwa bei den Bürgern der Krummhörn erbittert über den Namenszusatz Visquard gestritten. Überhaupt herrscht unter den *Plattprotern* oftmals wenig Einigkeit über den Namen selbst.

Daher grenzt es nahezu an ein Wunder, dass die Stadt Aurich und ihre Bürger sich bei der Namenswahl mit den kulturellen Institutionen tatsächlich auf den Namen Auerk einigen konnten. Vielleicht hat letzten Endes aber auch der Zweck die Mittel geheiligt: Die Schilder sollen vor allem bei Touristen Aufmerksamkeit erregen, um Ostfriesland als zweisprachige Region herauszustreichen. Identitätsstiftend ist diese Aktion den heißen Diskussionen zufolge allemal. Die Bürger scheinen ein reges Interesse an der Übersetzung ihrer Ortsnamen zu haben. In der Regel klappt das mit dem Aufmerksamkeiterregen bei den Besuchern auch besser als bei Sonja. Obwohl das Platt-Schild ihr ja sehr wohl aufgefallen ist.

19 DAS OSTERFÜÜR

DENEN BRENNT DOCH DER KITTEL!

Sonja klickt ihren Kugelschreiber auf und zu. Gedankenversunken sitzt sie auf ihrem Schreibtischstuhl und überlegt. Schlecht gelaunt blickt sie auf das mit Schokolade gespickte Osternest auf dem Tisch. Ob sie es ihren Kollegen erzählen soll? Wieder klickt sie nervös mit dem Stift. Wobei, woher sollten sie es schon erfahren? Max wird es nicht verraten, er sitzt schon wieder in der Heimat am Schreibtisch. Dass sie auch gerade jetzt wieder in Leer arbeitet. Aber was soll's. Vermutlich malt sie wieder den Teufel an die Wand. Kein Grund zur Aufregung, sagt sie sich.

Sie schnappt sich den Notizblock und steht auf. Nein, denkt sie, von ihr werden sie das sicher nicht erfahren. Bisher hat sie auch noch nichts dergleichen in der Teeküche gehört. Sie streicht sich die braunen Locken aus dem Gesicht. Entschlossenen Schrittes geht sie durchs Großraumbüro zum Konferenztisch. Bis auf die Sportredaktion sind schon alle da. Sonja stellt sich neben Grietje und hört den Themenideen für die nächste Ausgabe zu.

Harm-Ubbo von der Wirtschaftsredaktion berichtet vom Stellenabbau eines hiesigen Unternehmens, die Lokalredaktion von einer goldenen Hochzeit und schlussendlich der inzwischen eingetroffene Kollege vom Sport von einem Sportler, der sich auch außerhalb Ostfrieslands in der Disziplin Marathon einen Namen erlief. Gerade, als sie vergessen hat, wieso sie gerade eben noch so nervös war, meldet sich Swantje aus der Gesamtredaktion zu Wort.

»Habt ihr übrigens mitbekommen, dass die Feuerwehr an Ostern noch eine Pressemeldung rausgeschickt hat? Ich dachte, ich brech ab. Am Ende der Meldung stand tatsächlich, dass jemand den Notruf gewählt hat, weil in der Siebestocker Straße in Holtland vermutlich Brandstiftung betrieben wird.«

Ungläubig schaut der Chefredakteur Swantje durch die runden Gläser seiner Brille an. »Da war nicht zufällig die Rede von der Stelle, wo jedes Jahr das Osterfeuer stattfindet, oder?«

Allgemeines Gelächter bricht unter den Kollegen aus. Verlegen klickt Sonja mit ihrem Stift. Klick. Oh nein, denkt sie. Bloß nicht. Erneutes Klicken.

Verlegen gibt sie ein Hüsteln von sich, die Hand am Schlüsselbein. »Na ja, aber besser einmal zu viel Bescheid gesagt als zu wenig. Oder? Also wenn man sich jetzt mal in den Anrufer hineinversetzt. Da ziehen ja ganz schöne Rauchschwaden in den Himmel. Das kann den einen oder anderen so aus der Ferne bestimmt schon mal verunsichern.« Sonja kratzt sich am Hals. »Also, nachher wäre was passiert – und dann hat's ja für hiesige Verhältnisse auch länger nicht mehr geregnet und niemand hätte Bescheid gegeben. Und dann wäre das Geschrei groß gewesen. Und überhaupt, wer kommt bitte auf die Idee, zum Spaß eine komplette Weide abzufackeln? Da haben die armen Kühe ja noch wochenlang Barbecue-Gras im Maul. Und dann stehen da während des Feuers auch noch überall Kinder rum. Das ist doch hundsgefährlich! Also, ich mein ja nur. Nachvollziehbar ist das Ganze ja schon. Also, finde ich.«

Zehn Augenpaare schauen die junge Kollegin ungläubig an.

Klick. Klick.

Nur mit Mühe versucht der Chefredakteur ein Lachen zu unterdrücken. »Frau Häberle – möchten Sie etwas loswerden?«

Klick.

Wat'n Mallöör

Das Osterfeuer zählt zu den ältesten christlichen Bräuchen der Region. Auf diese Weise soll die Kälte des Winters vertrieben und der Frühling begrüßt werden. Schon lange vor Ostern sammeln die Menschen in Ostfriesland vielerorts fleißig Reisigholz, Strauchschnitt und anderes brennbares Material. Direkt nach dem Tag der Heiligen Drei Könige startet die Suche nach dem Brenngut mit dem Einsammeln von alten Weihnachtsbäumen. Die Organisatoren sind dazu verpflichtet, das Osterfeuer bei der Gemeinde anzumelden – die jeweiligen Feuerwehren sind deshalb bestens vorbereitet. Zusammen mit Dorfgemeinschaften und Sportvereinen wird das Brenngut auf den freien Flächen gestapelt und zu einem Turm geschichtet.

Besonders für die Kleinen ist der Brauch ein Spektakel: Bevor das Feuer entfacht wird, treffen sich je nach Gemeinde und etwaiger Organisation die Kinder zum Ostereiersuchen. Mit Einbruch der Dämmerung dürfen dann die in den Himmel züngelnden Flammen bestaunt werden. Gerne isst der heimatverbundene Ostfriese bei der Gelegenheit Stockbrot und trinkt dazu seinen letzten Grog der Saison.

20 FÄHRMANN, HOL *ÖVER* – NUR NICHT DEN NAMEN!

WO SÜDDEUTSCHE EIGENARTEN EIGENARTIG BLEIBEN

Die Stimme der Reiseführerin hallt von den Wänden der kleinen Gasse wider, in der sich Sonjas kleines Marzipanhäuschen befindet. Gut isoliert ist das Haus nicht. Eintauschen würde sie es trotzdem nicht. Sie fühlt sich wohl. Spätestens, seit sie die Spätzlelieferung ihrer Mutter im Küchenregal verstaut hat.

Mit einer Tasse Tee sitzt Sonja am Samstagmorgen an ihrem Küchenfenster und blickt durch das weiße Rollo, das sie sich zugelegt hat. Sie ist noch immer erstaunt über die vielen Touristen, die an den Wochenenden an ihrem Küchenfenster vorbeimarschieren und gebannt alles anschauen. Es kam schon vor, dass sich einige die Nasen an ihrem Fenster plattdrückten, als wäre das Haus ein Museum und kein Ort, an dem wirklich Menschen leben. Normalerweise stört sie das wenig, aber wenn sie in ihrer Küche frühstückt, möchte sie doch lieber ungestört und im Schlafanzug ihr Brötchen essen. Ohne dass ihr jeder Bissen vom Brot weggeguckt wird.

Nach dem Debakel um den Osterfeuer-Notruf nach der Konferenz am Freitag hat sie abends erst einmal die Füße hochgelegt. Eines muss sie den Kollegen lassen – eine Spürnase für Geschichten haben sie. Eigentlich hätte ihr klar sein müssen, dass sie sich nicht davor drücken kann, den Kollegen von der Sache zu erzählen. Trotzdem war sie froh, als Grietje ihr erzählte, dass sie nicht in der Zeitung landen würde.

Als sie Max am Telefon erklärte, dass die Feuer in Ostfriesland Brauch sind, hat sie sein Kopfschütteln bildlich vor sich sehen können: »Und dann schauen die dich an, als wärst du komisch.«

Manchmal fragt sie sich, ob das alles gut geht. Seit Ostern haben sie sich nicht mehr gesehen. So einfach ist das mit dem Besuchen eben doch nicht. Max, der fast 700 Kilometer entfernt wohnt, und sie, die in Leer ist, fast rund um die Uhr arbeitet und spätabends übermüdet ins Bett fällt. Viel Zeit für Gespräche finden sie nicht. Immerhin skypen sie ab und an, aber ein wirklicher Ersatz ist das nicht. Nach Hause zu fahren ist für sie oft zu stressig, da sie erst spätabends losfahren kann. Deshalb kommt Max häufiger zu Besuch. Doch auch für ihn ist es ein weiter Weg. Sie hofft, dass er sich bald entscheidet. Sollte er wirklich nachkommen wollen, wäre die jetzige Distanz leichter auszuhalten. Erst am kommenden Wochenende wird er wieder kommen.

Sonja nimmt einen Schluck Tee. Jetzt guckt doch tatsächlich einer durchs Rollo. Nun langt es ihr aber! Auch noch morgens, der hat sie in der richtigen Laune erwischt. In Pantoffeln und Tchibo-Schlafanzug stürmt sie zur Tür und reißt die Tür auf. Dem wird sie was husten. Gerade, als sie mit in die Hüften gestemmten Armen loslegen will, sieht sie, wen sie vor sich hat. »Max?« Verwirrt guckt Sonja ihren Freund an.

»Dass du dich so schick für mich machst, hätte ich nicht gedacht, meine kleine Motsi. Wolltest du gerade schon wieder loslegen, hm? Ist ja auch wieder eine fiese Uhrzeit, das hätte ich bedenken sollen, als ich mitten in der Nacht losgefahren bin.« Lachend breitet er seine Arme aus.

»Ja, aber du wolltest doch erst nächste Woche kommen.« Ein paar Tränen rollen über ihre Wange, als sie sich an ihn lehnt.

»Na, weil du dich am Telefon so traurig angehört hast. Hast du mich etwa vermisst?«

Sie nickt. »Aber bilde dir nichts darauf ein.«

Als sie einige Touristen hinter sich seufzen hört, wird sie sich ihres eher legeren Outfits bewusst. Räuspernd löst sie sich von Max. »Ja, und Sie können dann auch mal weitergehen, die Show ist beendet. Da drüben ist übrigens das alte historische Rathaus, die eigentliche Attraktion.« Wie auf Knopfdruck wenden sich die Kameras ab. Schnell schließt Sonja die Tür, bevor die Touristen es sich anders überlegen.

Nach einem gemütlichen Frühstück mit frischem Käse aus dem Landleckereien-Laden planen sie den Tag. Eine Volontärin hat Sonja zu ihrem Geburtstag in das Landgasthaus *Pünte* im Leeraner Hammrich eingeladen. Bislang hat Max nur Grietje und Frau de Boer kennengelernt, die anderen kennt er nur aus ihren Erzählungen am Telefon.

KLOOKSCHIETER: DIE *PÜNTE*

Die *Pünte* in Wiltshausen ist eine kleine Binnenfähre, die Besucher am Zweistrom von Leda und Jümme von einem Ufer ans andere bringt. Der handbetriebene, am Seil geführte Fährprahm kann bis zu drei Wagen und rund 30 Passagiere transportieren. 1562 wurde die Pünte erstmals urkundlich erwähnt. Seit mehr als 450 Jahren ist sie in Betrieb und damit die älteste handgezogene Wagenfähre Nordeuropas. Da der Landkreis den Dienst aus Kostengründen zwischenzeitlich einstellte, gründete sich 1974 ein Bürgerverein, der sich für den Erhalt der historischen *Pünte* einsetzte. Es heißt, dass zum Teil sogar Menschen, die noch nie mit der Fähre gefahren sind, dem Bürgerverein beitraten, um den Erhalt zu sichern. Mit Erfolg: 1988 wurde der Fährbetrieb wieder aufgenommen, seit 2002 steht die *Pünte* unter Denkmalschutz, der Verein kommt seit den Achtzigerjahren ohne öffentliche Zuschüsse aus. Früher gelangten hauptsächlich Post- und Reisekutschen über diesen Weg ans andere Ufer. Heute ist das Bindeglied weniger handelsträchtig, aber vor allem Urlauber freuen sich, wenn es wieder heißt: »Fährmann, hol *över*!«

In der Gaststätte angekommen, sehen Sonja und Max sich um. Blau gestrichene Fensterrahmen und Deckenbalken verleihen dem sonst weiß gestrichenen Raum eine gemütliche Atmosphäre. Helle Holzstühle mit Binsengeflecht flankieren die Tischgruppen, alte landwirtschaftliche Geräte wie Sensen und Spaten säumen die Wände.

»Sonja, stell dir mal vor, später würden irgendwelche Leute meine Gartenschaufel an ihren Wänden aufhängen.« Max und Sonja kichern.

Da winkt Grietje die Neuankömmlinge schon zu einer Tischgruppe herüber. Edda, eine Frau mit blonden Haaren und rosigen Wangen, begrüßt die beiden mit einem herzlichen Lächeln. »Schön, dass Sonja dich mitgebracht hat, wir haben ja schon viel von dir gehört.« Sie zwinkert Max zu und streckt ihm die Hand zur Begrüßung hin.

»Ja, genau, sollte ich jetzt Angst haben, Sonja?« Er reicht Edda die Hand. »Riester, Max, hallo.«

Sonja nestelt an ihrem Kragen herum. Das hat sie in ihrer Freude ganz vergessen. Prompt runzelt Edda die Stirn. »Riester, Max? Dann bin ich wohl Terveer, Edda.« Sie schmunzelt.

Wat'n Mallöör

Umgangssprachlich ist es in einigen Gegenden Deutschlands zwar üblich, den Nachnamen vor den Vornamen zu schieben, in Ostfriesland allerdings nicht. Die umgekehrte Reihenfolge der Namen kommt besonders häufig im südlichen Raum vor, in Baden etwa, Schwaben und Bayern. In Ostfriesland hingegen ist diese Eigenart gänzlich unbekannt, hier ist es üblich, keine Umwege zu nehmen und den Vornamen dort zu lassen, wo er eigentlich hingehört – vor dem Nachnamen.

21 ATEMLOS DURCH DIE NACHT

WO DAS NAVI HOFFNUNGSLOS VERSAGT

Schweigend sitzen sie im Auto. Über dem Dach des Golfs prangen die ersten Lichter an der dunklen Himmelsdecke. Ansonsten ist es draußen stockdunkel. Die eine Laterne, die am Rand des Parkplatzes vor dem Lokal steht, scheint schon lange nicht mehr zu funktionieren. Am Ende des gebogenen Laternenhalses klafft ein faustgroßes Loch in der Nähe der Birne. Nur ein leises Blöken, das von links durchs Fenster weht, verrät, dass sie nicht ganz allein sind.

Max durchbricht die Stille: »Aber der Sack Spätzle als Geschenk kam gut an.«

Sonja kichert und greift nach dem Gurt. »Oh Mann, das mit den Namen hätte ich dir echt erzählen sollen. Mir ist das Gleiche in den ersten Tagen bei einem Landwirt in Bunde passiert. Der hat mich angeguckt wie ein Auto.«

Max winkt ab. »War ja halb so wild letzten Endes. Sind wirklich nette Leute, wenn sie erst einmal aufgetaut sind.« Dann fügt er hinzu: »Nur der neben mir, ich glaube, der hat außer *Moin* nur *Jo* gesagt.«

Sonja denkt nach. »Ach, du meinst Okko. Ich glaube, bislang hat er sich auch bei mir auf die zwei Wörter beschränkt. Bei ihm im Büro lese ich immer die Seiten Korrektur. Da hat man die nötige Ruhe. Es sei denn, er hört wieder Helene Fischer. Dann wippt er immer mit seinem Fuß im Takt, das macht mich wahnsinnig.« Sie kichert. »Ich schalte mal das Navi für den Heimweg an.«

Sie dreht den Schlüssel um und wartet auf das tapfere Röcheln des alten Golfs. Sie möchte ihn einfach nicht weggeben, zu viele Erinnerungen hängen an dem lilafarbenen Wagen. »Links abbiegen«, plärrt es aus dem Navi.

»Sonja, deine Wagenlichter müssten auch mal erneuert werden, wie siehst du damit überhaupt was?« Max kneift die Augen zu und starrt in die Dunkelheit.

»Papperlapapp, die funktionieren eins a! Nimm dir das nicht zu Herzen, Golfinchen.« Beruhigend klopft sie auf das Armaturenbrett. »Max bekommt mit dem Alter nur schlechte Augen.«

Max stöhnt und murmelt etwas, das wie »unverantwortlich« klingt.

Sonja verdreht die Augen. »Max, für so etwas wurde das Navi erfunden. Einfach nur hinterherfahren.«

Sie biegt mit knirschenden Reifen in einen leicht abschüssigen Schotterweg ab. Ein wenig Mondlicht dringt durchs Fenster und im Radio dudelt *Dream A Little Dream Of Me*. Gerade als Max mitpfeifen möchte, stockt der Wagen. Wasser dringt durch alle möglichen Ritzen ins Innere, die Reifen verlieren an Grund. Der Wagen hebt mit der Schnauze ab, bevor er hinabgezogen wird.

»Scheiße, Sonja, raus hier«, brüllt Max und kurbelt geistesgegenwärtig die Fenster runter. Dann zieht er Sonja durch das Fenster mit aufs Dach.

Als die Feuerwehr wenige Minuten später mit Blaulicht und Sirene kommt, sitzen sie unterm freien Sternenhimmel auf den Überresten von Golfinchen und blicken resigniert übers Wasser. Der Wagen unter ihnen ragt nur noch mit dem Hintern in den Himmel. »Hier riecht's nach Gülle.« Max schnaubt. Neben ihnen tuckert das

Boot der freiwilligen Feuerwehr im Wasser. Mit an Bord: ein Mann mit Kamera und Notizblock. Dieter. Sonja zuckt zusammen.

Wat'n Mallöör

Sie führen Abenteuerlustige durch die Weiten fremder Länder, in Großstädten sind sie ein Must-have, um die neueste hippe Bar ausfindig zu machen, und kaum einer besitzt noch das analoge Äquivalent: Landkarten und Stadtpläne. Heute heißt der kleine Helfer zwar mitunter noch Karte, hat aber mit dem Papier, über das man mit dem Finger fährt, nichts mehr gemein. Die Route wird in Sekundenschnelle berechnet und führt den Suchenden sicher ans Ziel, ohne viel Zutun. Aber ist das Navi wirklich so sicher? Gewiss, vielerorts ja. Nur in einer kleinen Region Deutschlands, wo Mühlen träge die Flügel kreisen lassen, Schäfchen über Deich und Himmel ziehen und das Salz auf der Zunge liegt, scheint das System ab und an gegen eine Wand zu laufen. Gemäß dem Konzept der Tourismusbranche – Entschleunigung und Auszeit von der digitalen Welt – ist es hier schon wiederholt zu denkwürdigen Ereignissen gekommen. So sind genau an der Stelle, an der Sonja und Max auf Geheiß des Navis die falsche Abzweigung genommen haben, schon einige Pechvögel im Nassen gelandet: 2009 wartete ein Taxifahrer auf seinem vor sich hin dümpelnden Wagen auf die Feuerwehr, 2011 rollte eine Urlauberfamilie nach einem Angelausflug im Morgengrauen in die Jümme, und auch 2012 fand sich eine leicht angeheiterte Dame mit 1,92 Promille im Blut im Flussbett wieder. Abgesehen vom letzten Vorfall verloren die Fahrer aufgrund der verwirrenden Autonavigation die Orientierung und fuhren blind nach Anweisung des Geräts. Jenes zeigte nämlich, den Tatsachen entsprechend, den Weg über die *Pünte* an – nur dass zur Nachtzeit keine handbetriebene Fähre mehr übersetzt. Auch andernorts kommt es ab und an vor, dass die Strecken nicht ganz sachgemäß angezeigt werden – wenn sie denn überhaupt dargestellt werden. Je tiefer Autofahrer ins Land vordringen, desto schlechter wird meist das Netz. Eine handfeste

Landkarte im Gepäck kann da nicht schaden. Übrigens gingen die Vorfälle in der Jümme glimpflich aus, abgesehen von dem Sachschaden. Immerhin haben die Fahrer eine Lehre mitgenommen: Augen auf beim Autofahren!

22 EIN BESCHWINGENDER ABEND MIT ABSTURZ

ZWISCHEN FAHNE, FLÜGEL UND FAKO

Über eine Stunde standen Sonja und Max schlotternd an Land, bevor Grietje, ihre Retterin in der Not, mit ihrem Volvo kam und sie holte. Bis auf einen Schrecken und durchfrorene Glieder haben sie den Ausflug ins Nasse unbeschadet überstanden, sieht man von dem Foto auf der Titelseite des *Oostfreesen-Blattjes* ab, auf dem Max und Sonja einsam und verlassen auf der letzten aus dem Wasser ragenden Ecke ihres geliebten Golfinchen hocken und zum Ufer starren.

Das Auto war leider nicht mehr zu retten, die Jümme hat ihre alte Freundin ertränkt. »Wenigstens ist der Sachschaden nicht hoch«, hat Max am Ufer gesagt. Als ob es darum ginge. Golfinchen und sie haben so viel gemeinsam erlebt. Sogar einen Roadtrip bis nach Bordeaux haben sie zusammen durchgestanden, abgesehen von ein paar unfreiwilligen Pausen vielleicht.

Richtig fröhlich ist sie eine Woche später deshalb noch nicht, obwohl sie bereits einen Ersatz hat. Frau de Boer hat ihr einen alten Corsa für ein paar Hundert Euro überlassen. Ihr anderer Wagen sei bloß in der Werkstatt, weshalb Sonja sie gelegentlich wo hinfahren müsse. Sonja hat irgendwie das Gefühl, in eine Falle getappt zu sein. Außerdem hat sie die alte Frau stark in Verdacht, nur eine Gelegenheit gesucht zu haben, um noch einmal über die Sache im *Blattje* zu lachen. Tränen waren Frau de Boer über die dicke Wange gerollt. Wie sie denn das Wasser nicht hatte sehen können? Den Tee hatte Sonja dankend abgelehnt. Es scheint ihr an ein Wunder zu grenzen, dass Max so kurz nach dem letzten Debakel in Ostfriesland wieder zu Besuch gekommen ist.

»So, Sonja. Es reicht«, sagte Grietje. »Lang genug Trübsal geblasen. Wir gehen heute Abend feiern. Fetenscheune, keine Widerrede. Da geht's richtig ab. Um acht Uhr bei dir, ich bring den Schnaps mit.«

Sonja kann nicht einmal Widerspruch einlegen, da ist ihre Kollegin auch schon wieder aus ihrem Büro verschwunden. Eigentlich hat sie gar keine Lust zu feiern, aber na ja, Grietje von einer Idee abzubringen ist nicht das Einfachste.

Punkt acht Uhr surrt die Klingel, als Grietje vor der Tür steht. In der einen Hand hält sie eine Flasche Korn, in der anderen einen Liter Jägermeister. »Praktisch, dass du so zentral wohnst. Von mir aus hätten wir die Eule nehmen müssen.« Auf Sonjas fragenden Blick hin ergänzt sie: »Na, die Nachteule vom Verkehrsverbund Ems-Jade. Der einzige Bus, der hier nachts fährt.«

Sonja zuckt mit den Schultern und schließt die Tür hinter Grietje.

»Na, *mien Leev*, hast dich ein bisschen eingekriegt?« Kurz, aber herzlich drückt ihre Kollegin sie und Max an sich. »Toll, dass Max mitkommt.«

Der kriegt große Augen, als er Grietjes Mitbringsel sieht. »Grietje, wer soll denn das alles trinken? Das reicht ja für eine ganze Fußballmannschaft.«

Grietje zückt indes die ersten Gläser und macht, wie sie sagt, 30:70-Mischen. Als Sonja sieht, wie ihre Freundin einschenkt, fragt sie sich nur, was davon der Alkohol und was das Zeug zum Mischen ist. Nachdem Grietje fertig eingeschenkt hat, sieht sie Max skeptisch an. »Nee, das bisschen, das ist doch gar nichts. Mein Schulfreund Onno spielt in Holtland Fußball, für den ist das gerade mal ein Aperitif.« Lachend wirft sie sich die blonden Haare, die sie in Wellen gelegt hat, in den Nacken.

Fünf Schnäpse und vier Mischen später, wie Grietje die inzwischen zu 90 Prozent aus Korn und zu 10 Prozent aus Fanta bestehenden Getränke nennt, hält sich Sonja schwankend an einer Wand mit Kuhfell fest. »Max, wo sind mir hier?« Max kichert, wobei sich Sonja nicht sicher ist, ob er über die Wand lacht, über Sonjas Verfassung oder ob er einfach nur genauso betrunken ist wie sie. »In der Ostfriesenscheune.«

Der Boden, auf dem sie stehen, pappt bei jedem Schritt an ihren Sohlen. Die Luft brennt beim Atmen, das Rauchverbot scheint noch nicht durch die Nebelschwaden der Diskothek gedrungen zu sein. Die Stimmung allerdings ist am Kochen. Frauen auf High Heels stolzieren durch die Gänge und tanzen, während Männer Stellung am Tresen beziehen und zuschauen. Einige Wagemutige haben das Podest erklommen, ein Holzplateau mit Eisenstange in der Mitte. Wobei sich Sonja nach näherer Betrachtung nicht sicher ist, ob diese zum Tanzen oder zum Festhalten da ist.

»Nächste Rundeeee«, brüllt Grietje, die soeben aus der Toilette geschossen kommt, in der sich Sonja an einem uralten Händetrockner bereits einen leichten Stromschlag geholt hat. »Lange genug pausiert, mir nach.« Mit den bemüht kontrollierten Schritten einer Betrunkenen läuft sie vorweg.

»Max, du hältst mir nachher die Haare.« Sonja wankt Grietje nach.

Am Tresen angekommen, fragt Max, was die beiden trinken wollen. Sonja einigt sich mit Grietje auf ein Getränk, das die Ostfriesin Flügel nennt. Angeblich soll da ein spezieller Wodka mit Energy drin sein. Sonja reicht es, dass es sich gut anhört. »Ich habe jetzt schon das Gefühl, als hätte ich den Boden unter den Füßen verloren«, raunt Sonja Grietje zu. Sie schaut die klugerweise laminierte Getränkekarte an. »Was ist eigentlich Fako? Das habe ich noch nie gehört.«

Ein wenig linkisch beugt sich ihr Freund herunter. »Du, das habe ich so einen netten Kerl im Karohemd am Pissoir gefragt. Das is Fanta mit Korn, is das. Oder wie mein Klokumpel sagte: Korn mit einem Schüsschen Fanta.« Bei dem Wort Schüsschen drückt er seinen Daumen und den Zeigefinger zusammen. Dann kichert er. »Das Stehklo war wahrscheinlich nicht der beste Ort, um über Fanta zu reden.«

Sonja versucht ihm den Ellenbogen in die Rippen zu stoßen, verfehlt aber das Ziel und trifft dafür die klebrige Theke. Mit vorgeschobener Unterlippe reibt sie sich den Knochen. »Au, das tat weh.« Max dreht sich zur Theke und gibt seine Bestellung auf. Grietje lacht. »Dass du schon so betrunken bist. Jetzt geht's doch gerade erst los.« Sie setzt sich auf den Barhocker, der Sonjas Meinung nach ebenso sehr wie die Theke klebt. Immerhin fällt man auf diese Weise nicht so leicht herunter. Sie zuckt mit den Achseln und setzt sich auf den Stuhl neben ihre Kollegin.

Als Max ihnen die Getränke reichen will, stemmt Grietje die Hände in die Hüften. »Max, was is dat denn?«, fragt sie.

»Flügel, das hat zumindest die Barfrau behauptet. Wieso?« Irritiert guckt er Grietje an.

»*Jasses*. Max, du *Knieptang*. Ihr Schwaben seid ja wirklich knauserig! Hier bestellt man keine einzelnen Getränke, hier bestellt man Tabletts.«

Mit großen Augen verfolgen sie, wie Grietje zielsicher den Tresen anpeilt und der Bardame ihre Bestellung zubölkt: ein Tablett voll Flügel. Wenn da mal nicht Grietjes Oma durchkommt ...

Wat'n Mallöör

Die legendäre Fetenscheune war zum Zeitpunkt der Buchveröffentlichung leider bis auf Weiteres geschlossen. Mit ziemlicher Sicherheit landen Sie in Ostfriesland dennoch nicht auf dem Trockenen. Denn wenn die Ostfriesen eines können, dann ist es feiern. Gern wird hier überschwänglich jeder, den man auch nur vom Vorbeigehen kennt, in der Disko auf ein Getränk eingeladen. Und tatsächlich kommt es häufiger vor, dass die Herren der Schöpfung den Damen die Getränke spendieren, insbesondere bei älteren Generationen.

Das mit dem Einladen hat Max nach traditionellen Maßstäben zwar schon goldrichtig gemacht, wofür man ihn auch loben kann, allerdings hat er schlicht und ergreifend eines unterschätzt: die Trinkmenge.

In Ostfriesland geht es nicht darum, einen gepflegten, netten, angeheiterten Abend zu verbringen. Hier ist Trinken noch Sport. Wer als Letzter die Manege verlässt, ist Sieger, ein echter Mann. Außerdem braucht der Ostfriese Mut, um mit dem anderen Geschlecht in Kontakt zu treten, dementsprechend muss er viel trinken, getreu dem Motto: Viel hilft viel. Drum lohnt es sich auch gar nicht, nicht tablettweise zu bestellen. Viel zu oft müsste der Gang zum Tresen gemacht werden, wertvolle Zeit würde verschwendet, in der getrunken und vielleicht die Dame des Herzens erobert werden könnte.

Trotzdem muss man den Schwaben in diesem Fall beistehen, Geiz-Vorurteil hin oder her. Die Ostfriesen haben es verhältnismäßig leicht, spendabel zu sein. Die Preise sind in der Region meist so niedrig, wie man sie andernorts kaum findet. Ein Longdrink, falls man ihn denn so nennen mag, kostet in einer waschechten ostfriesischen Lokalität keine zehn Euro, wie es in der Großstadt oft der Fall ist – hier bezahlen Gäste noch einen Euro. Ein Tablett ist deshalb durchaus erschwinglich, und dem Abend zwischen Kuhfell und Überfluss steht nichts im Weg – abgesehen vom Heimweg vielleicht. Der ist meist ziemlich lang und ohne öffentliche Verkehrsmittel (von der Nachteule einmal abgesehen) dementsprechend teuer. Ein wenig Geld zurückzuhalten schadet deshalb nicht. Wer das im Laufe der Tabletts nicht schafft, hat aber auch nichts zu befürchten: Er gesellt sich einfach zu den vielen Zombies, die im Morgengrauen nach Hause stolpern.

23 KINNERTÖÖN MIT BOHNTJESOPP

SONJA BROCKT SICH EINE ORDENTLICHE SUPPE EIN

Blaue Söckchen und Girlanden verzieren die Sträucher wie Kugeln an Weihnachten den Christbaum. Ostfriesen wissen, wie man den Nachbarn das Neugeborene anpreist. Sonjas Befürchtung, es handele sich bei dem Neugeborenen um ein Kalb, wird spätestens nach einem zweiten Blick in den Garten widerlegt. Immerhin ist Nantje Landwirtin. Und wer eine Kuh zur Miss Ostfriesland kürt, feiert vielleicht auch die Geburt eines Kalbs. Überrascht hätte sie das nicht. Doch quer durch den halben Garten, der sich auf einem landwirtschaftlichen Grundstück über ein beträchtliches Gebiet erstreckt, ist von Baum zu Baum ein Seil gespannt, über und über gespickt mit blauer Babywäsche. Gut, dass sie keine besorgt hat, sondern ein Kissen hat besticken lassen. Staunend läuft sie entlang des sich windenden Wegs zum Eingang des Gulfhofs. Schon wehen aus den riesigen Fenstern mit Buntglaseinsatz Stimmen zu ihr herüber, die Babyparty scheint in vollem Gange zu sein.

Sonja hatte sich sehr über das kleine blaue Einladungskärtchen im Briefkasten gefreut. Es ist schön, dass die anderen sie nach erster

Zurückhaltung doch so herzlich aufgenommen haben. »Einladung zum *Kinnertön*« stand in verschnörkelter Schrift auf dem Kärtchen. Der kleine Thilo hatte vergangene Woche das Licht der Welt erblickt.

KLOOKSCHIETER: DER *KINNERTÖÖN*

Bei der Geburt eines Kindes ist es in Ostfriesland üblich, den neuen Erdenbürger gebührend in der Welt zu empfangen. So wird seine baldige Ankunft bei einem Rundgang durch den Ort angesagt, und nach der Geburt zelebriert man im Anschluss an die Taufe eine Feier. Letztere nennt der Ostfriese *Kinnertöön*, was sich von dem niederländischen Wort *tonen* ableitet, das so viel wie »zeigen« bedeutet und somit auch den Sinn der Veranstaltung widerspiegelt.

Strahlend öffnet Nantje die Tür. »Komm rein, *mien Leev.*« Die Schwangerschaft ist ihr nicht mehr anzusehen. Genau das sagt Sonja ihr auch. »Tja, da zahlt sich die Arbeit auf dem Hof aus, aber lass das bloß nicht Ebbke hören. Ich beschwere mich immerzu und das macht mir Spaß.« Sie kichert.

Sonja überreicht ihr das Geschenk. »Ich habe dir auch eine Kleinigkeit mitgebracht, ich hoffe, es gefällt euch.«

Nantje nimmt das in Papier und Schleifen gewickelte Präsent entgegen. »Oh, *wat moi.*« Sie betrachtet das in verschnörkelter Schrift bestickte weiße Kissen mit den blauen Lettern von Thilos Namen. »Vielen lieben Dank, Sonja. Da hat er lange etwas von.« Herzlich drückt sie ihre Kollegin an sich. »Nun aber genug herumgestanden, du verhungerst und verdurstest hier ja noch. Da hinten steht die *Bohntjesopp*, nimm dir reichlich, wir haben einen Anlass zum Feiern.« Sie zwinkert Sonja zu.

Nachdem Sonja einige ihrer Kollegen begrüßt hat, geht sie zu dem hübschen Buffet, das zwischen Luftschlangen und Blumen mit

Schnittchen, Salaten und Kuchen angerichtet wurde. Die Bohnensuppe, die Nantje angepriesen hat, kann sie nicht entdecken, vermutlich sind die Gäste schon über das Buffet hergefallen. Stattdessen nimmt sie sich einen Salatteller und etwas von einem Dressing, das in ein Einmachglas gefüllt wurde. Interessante Aufmachung, findet sie. Mal etwas ganz anderes, das Dressing, auch mit den kleinen Stückchen darin. Anschließend geht sie zu ihren Kollegen zurück.

Doch kaum hat sie den ersten großen Happen von dem Salat genommen, hustet sie die Hälfte schon wieder aus. »Alles in Ordnung bei dir? Hast du eine Allergie?« Grietje ist wie immer zur Stelle und klopft der Kollegin auf den Rücken.

Sonja klaubt sich diskret ein Salatblatt von der Weste. »Wasser«, keucht sie und verneint Griejtes Frage kopfschüttelnd. Nachdem sie sich beruhigt hat, senkt sie die Stimme. »Also nichts gegen Nantjes Kochkünste, aber das Dressing da hinten ist nichts für schwache Nerven.«

Grietje wirft einen Blick über ihre Schulter zum Buffet. »Welches Dressing meinst du?« Sonja zeigt auf die Tischecke, wo das heimtückische Behältnis steht. »Na, das da drüben, im Einmachglas!«

Da bekommt Grietje große Augen. »Du hast dir doch nicht etwa die *Bohntjesopp* auf den Salat getan?«

Wat'n Mallöör

Da hat die liebe Sonja sich am Salatbuffet wohl ordentlich vergriffen. Bei dem Inhalt des Einmachglases handelt es sich nicht etwa um Dressing, sondern um den in Ostfriesland zur Geburt eines Kindes hergestellten Branntwein mit Rosinen. Mmh, lecker.

Dafür werden einige Wochen vor der Geburt des Kindes Rosinen und *Kluntjes* in einem Steingutkrug, der auf Platt liebevoll auch *Püllpott* genannt wird, in Branntwein eingelegt. Nachdem das Ganze dann ausgiebig ziehen konnte, darf es verzehrt werden. Grundlage für die so entstandene *Bohntjesopp* ist der *Oostfreeske Brannwien*, der aus Korn, Kartoffeln oder Rüben gebrannt und mit Aroma und Couleur angereichert wird. In Ostfriesland gilt er als regionale Spezialität. Bis Mitte des 20. Jahrhunderts wurde der Branntwein sogar noch in geselliger Runde aus einer Schale mit dem Tauflöffel gelöffelt. Vermutlich wurde dies aus hygienischen Gründen im Laufe der Zeit fallengelassen. Wer trinkt den Schnaps schon gerne löffelweise und mit dem Besteck, das der Nachbar zuvor abgeschleckt hat?

24 DIE WUNDER-WEISSWURST DES NORDENS

ODER: DEFTIG KÖNNEN SIE AUCH

Gemäß Sonjas journalistischem Umfeld hatte die neueste Lappalie in entsprechender Rasanz die Runde gemacht. Nachdem Dieter ihr ein Glas *Bohntjesopp* von seiner Frau auf den Schreibtisch gestellt hatte, fingen die anderen natürlich an, Fragen zu stellen.

Doch allmählich ebbten die Witze ab. Immerhin wurde sie freitags nicht mehr gefragt, ob sie abends noch einen ordentlichen Salat essen würde. Obwohl sie sich immer standesgemäß empörte, beginnen ihr die Reibereien mit den Kollegen sogar Spaß zu machen. Langweilig wird es nie.

Leider kann sie vom Speiseplan nicht dasselbe behaupten. Seitdem sie beim *Oostfreesen-Blattje* arbeitet, ernährt sie sich hauptsächlich von der Bäckerei neben dem Zeitungsgebäude. Wenn sie spätabends aus der Redaktion zurückkommt, hat sie oft einfach keine Lust mehr zu kochen. Für eine Person zu kochen macht ihr auch wenig Spaß.

»Ich vermisse meine Spätzle«, jammert sie und pult ein Stück Ei von ihrem Frühstücksbrötchen.

»Schnickschnack, hier gibt's auch leckere Sachen.« Grietjes rosiges Gesicht verschwindet hinter einem riesigen Teebecher.

Missmutig schaut Sonja auf. »Nur zu deiner Info, Grietje: Tee kann man nicht essen.«

Grietje zieht die Augenbrauen hoch. »Da ist aber mal wieder eine mit dem falschen Bein aufgestanden. Und nur zu deiner Info: Das stimmt nicht mal, guten Früchtetee kann man sogar essen. Übrigens ist die ostfriesische Küche gar nicht so schlecht, wie manche bösen Zungen behaupten.«

Jetzt ist Sonja diejenige, die die Augenbrauen hochzieht. »Ist das so? Das musst du mir erst einmal beweisen.« Sonja verstaut ihre Brotdose in der Tasche und steht auf.

»Gut, abgemacht. Wir gehen heute Abend essen. Allzu weit wirst du es nicht haben. Ich hole dich um acht Uhr ab. Heute gibt es gute deutsche Küche aus Norddeutschland.«

Pünktlich wie gewohnt klopft Grietje an Sonjas Küchenfenster. Auf dem Weg zur Tür schnappt Sonja sich ihre Jeansjacke und verlässt ihr kleines Häuschen. Dafür, dass es auf den Sommer zugeht, ist es abends noch immer frisch. Sie zieht ihre Jeansjacke ein wenig fester um den Oberkörper und geht auf ihre Freundin zu. »Ich glaube, ich hole mir doch noch eine wärmere Jacke. In der Jahreszeit schätze ich das Wetter einfach immer falsch ein.«

Grietje schüttelt den Kopf. »Ich denke nicht, dass das nötig ist. Wir sind eigentlich schon da. Wir gehen ins Haus Hamburg.«

KLOOKSCHIETER: DAS HAUS HAMBURG

Das Gebäude inmitten der Leeraner Innenstadt steht schräg gegenüber vom Haus Samson und trägt ebenfalls einen Namen. 1767 errichtete der gebürtige Hamburger Hermann Rahusen in dem Gebäude sein Handelsgeschäft. Die Inschriften im First, der Kellereingang und das Wappen der Stadt Hamburg deuten auf seinen Erbauer hin. Er heiratete in die mennonitische Familie Vissering ein und sollte später der Großvater von Teletta Margaretha Groß werden, die sich

Mitte des 19. Jahrhunderts für eine gleichwertige Ausbildung von Frauen einsetzte und nach der ein Leeraner Gymnasium benannt wurde. Heute befindet sich in dem Gebäude des einst hanseatischen Kaufmanns ein Restaurant, das den Namen »Haus Hamburg« trägt und von der gebürtigen Leeranerin Sunna Wagemann erfolgreich als Restaurant für Fischfans geführt wird.

Eine kleine Tafel an der Außenwand des Gebäudes weist auf die heutigen Spezialitäten de Restaurants hin. Grietje geht die kleine Treppe hinauf, die zum Eingang des Restaurants führt. Ein alter Holztresen umrahmt drinnen eine Bar, ein Mann sitzt auf einer der anliegenden Holzbänke. Vor ihm steht ein großes Bier, daneben ein paar leere Schnapsgläser.

»Der sitzt da nicht erst seit gerade eben. Und hier willst du mich von der kulinarischen Qualität Ostfrieslands überzeugen?« Sonja lässt zweifelnd ihren Blick durch den dunklen Raum schweifen, der dem Geruch zufolge zweifellos einmal eine Kneipe gewesen sein muss. In dem Moment kommt eine Frau lächelnd auf sie zu. Entgegen Sonjas Erwartung trägt sie eine blütenweiße Schürze, weist mit der rechten Hand zu einem weiteren Raum. »Darf es etwas zu essen sein?« Auf Grietjes Nicken hin geht die Frau vorweg.

Als Sonja den anderen Raum betritt, steht ihr kurz der Mund offen. Der Raum hat ein modernes, aber gediegenes Interieur. Tische aus massivem Holz bilden einen Kontrast zu den zementgrauen Wänden. Ein Miniatursegelschiff mit riesigen Segeln aus Leinen ziert eine Fensternische, Wandleuchter mit blauen Lampenschirmen und einer Anbringung aus Treibholz verleihen dem Raum maritimes Flair. »Du wolltest am Eingang etwas sagen, Sonja?« Betont beiläufig streicht Grietje über den Tisch aus Kirschbaumholz. Eine halbe Stunde später sitzt Sonja vor dem leckersten Schollenfilet, das sie je gegessen hat, garniert mit Hummer, Krabben und Bratkartoffeln, serviert auf einem wellenförmig verlaufenden Teller.

Wat'n Mallöör

Verlässt der Reisende den norddeutschen Raum, ist er sich meist über eines im Klaren: An gutem Essen wird es ihm nicht mangeln. Zu oft schon hat man ihm von Käsespätzle, Maultaschen und Weißwurst vorgeschwärmt. Aber was ist eigentlich mit der norddeutschen Küche? Oder gar der ostfriesischen? Sonja, die sich bis dato wenig mit der kulinarischen Seite Ostfrieslands beschäftigt hat und nur über Nantjes *Bohntjesopp* gestolpert ist, war sich jedenfalls nicht bewusst, dass es hier auch durchaus leckere und gute Mahlzeiten zu entdecken gibt.

So können Besucher im Haus Hamburg ein wahres Festmahl kosten: Ob Zander- oder Knurrhahnfilets, Emder Heringstopf, Brataal oder fangfrischer Plattfisch – dem Fischfreund sind hier wenig Grenzen gesetzt. Allein geografisch betrachtet, ist es natürlich kaum verwunderlich, dass es hier guten Fisch zu finden gibt. Ein Haus vorher finden Urlauber im dazugehörigen Kantje einen leckeren Fischbrötchen-Imbiss für unterwegs.

Fischliebhaber kommen natürlich auch in Emden auf ihre Kosten, etwa im Welvaart. Von Skantje über Knurrhahnfilet bis hin zur Fischsuppe – auch hier gibt es allerlei Leckeres zu probieren.

Uriger geht es derweil auf der »Spiekeroog« zu: Das Schiffsrestaurant, das verträumt im Leeraner Innenhafen liegt, ist für Besucher seit 2017 ein gastronomisches Highlight. Bei dem Boot handelt es sich um eine ausgediente Fähre, die früher zwischen Neuharlingersiel und der Nordseeinsel Spiekeroog eingesetzt wurde. Seit der ausgiebigen Restaurierung tischt der Inhaber seinen Gästen bei leicht schwingenden Messinglampen und Live-Klaviermusik inmitten des Museumshafens auch echte ostfriesische Spezialitäten auf: *Snirtjebra*, ein beliebtes ostfriesisches Fleischgericht, *Updrögt Bohnen*, das sind getrocknete Bohnen, und natürlich auch *Gröönkohl*.

Doch nicht nur Ostfriesisches wird in der Region gut zubereitet – auch andere Restaurants laden zum Schlemmen ein. So ist etwa die Hafenbar auf der Leeraner Nesse ein Treffpunkt für Genießer geworden. Neben hippen Cocktails und erlesenen Weinen finden Besucher hier eine Speisekarte mit frischen Zutaten vom Markt in Groningen: Neben leckeren Steaks vom argentinischen Rind gibt es in dem modernen Restaurant auch Pasta und andere Gaumenfreunden.

Das Emder Pendant, das Hafenhaus mit Blick auf den dortigen Hafen, bietet ebenso moderne wie hochwertige Küche.

Schlussendlich lässt sich damit ein Vorurteil über die ostfriesischen Einwohner aus dem Weg räumen. Jahrhundertelang haftete ihrer Küche ein schlechter Ruf an: Ostfriesen können nicht kochen – und wenn sie es tun, ist es fettig. Zwar steckt in dem Vorurteil insofern ein wahrer Kern, als dass die ursprüngliche ostfriesische Küche bodenständig und deftig ist. Allerdings hat das einen guten Grund: Wie sonst hätten die Ostfriesen die harten Winter und das Torfstechen überlebt? Darüber hinaus erfreut sich die regionale Küche allmählich wachsender Beliebtheit, bodenständige Gerichte kommen gut an. Außerdem sei einmal dahingestellt, ob die Wunder-Weißwurst aus dem Süden so viel fettärmer ist.

25 RASENMÄHEN IM HESSEPARK

DIE STECKENPFERDE DES RHEIDERLANDS

Der Geruch von Möbeln alter Leute liegt in der Luft, die Holzbank aus Eiche in der Küchenecke sorgt dafür, dass der Besuch nicht länger bleiben möchte als nötig. Eigentlich fehlt noch ein Fliesentisch davor, denkt Sonja. Ihr Blick geht zur Uhr. Erst fünf Minuten sind vergangen, seit sie das letzte Mal auf die Uhr mit dem gewellten Ziffernblatt geschaut hat. Der Rechner vor ihr sieht aus, als hätte er entweder schon zwanzig Jahre auf dem Buckel oder einen exzessiven Raucher als Besitzer oder vielleicht sogar beides, jedenfalls funktionieren die Tasten erst nach härterem Anschlag, was vermutlich an den bräunlichen Verfärbungen in den Zwischenräumen liegt.

Die Redaktion im Rheiderland ist keine Schönheit. Auf dem Weg zur Toilette müssen die Redakteure eine kleine leer stehende Halle durchqueren, in der sich in den vergangenen Jahren ein Sammelsurium an überflüssigen Dingen angesammelt hat. Hinter erbsengrünen Tapetenrollen, die vermutlich aus den Siebzigern stammen, Porzellanfiguren und einem nicht mehr ausklappbaren Treppchen befindet sich die Toilette, wenn man sie so nennen mag. Die Tür zum Örtchen muss der Klogänger mit einem kleinen Haken zur Halle hin verschließen. Das hat der Mann, der die Redaktionstoilette durch einen weiteren Eingang unerlaubt aufgesucht hat, jedenfalls nicht getan. Sie hat so laut geschrien, dass ihr Kollege Ubbo ihr zu Hilfe eilte und den Mann rausschmiss, obwohl der Mann, wie Ubbo abgeklärt erläuterte, öfter »zu Besuch« kam und »normalerweise« auch abschloss. Die Rheiderländer sind ein Völkchen für sich.

Wieder schaut sie zur Uhr. Der Termin, den ihre Kollegin für sie im Hessepark in Weener vereinbart hat, ist erst in einer halben Stunde und nur fünfzehn Gehminuten von der Redaktion entfernt. Sonja blickt aus dem Fenster. Viel ist hier nicht los, sie hofft fast darauf, dass wenigstens eine gute Pressemitteilung der Polizei als Mail hereinkommt, damit sie nicht über einen Heckenbrand, den sie im Vorbeifahren beobachtet hat, oder einen bei leichtem Wind, vermutlich aber aus akuter Langeweile abgefallenen Ast berichten muss.

Doch es nützt nichts, das erlösende Pling der eintreffenden Mail will nicht kommen. Sonja muss sich auf den Weg zum Hessepark machen, um über einen seit zwanzig Jahren stattfindenden Rundgang durch den Park zu berichten, der jährlich in der Zeitung angekündigt wird.

Ein rostbraunes Tor gibt den Weg zum Park frei. Rechts und links des Weges säumt sattes Grün den Pfad. Vereinzelt rollen noch dicke Tropfen von den Blättern der Pflanzen. Obwohl der Himmel strahlend blau ist, will Sonja auf Nummer sicher gehen und hat ihre Gummistiefel angezogen. Sie hält nach der Gruppe Ausschau. Am Ende hat sie doch getrödelt, sodass sie sich sogar um einige Minuten verspätet hat. Weit kann die Gruppe aber noch nicht gekommen sein, leise wehen die Stimmen aus dem Dickicht herüber.

Da die Gruppe sich rechtsseitig zu befinden scheint, verlässt Sonja den vorgegebenen Pfad und läuft durch ein bewaldetes Stück Land, um den Weg dorthin abzukürzen. Nach einigen Hundert Metern bleibt sie stehen und schaut sich um. Dann schließt sie die Augen. Den Geruch nach Regen hat sie schon immer geliebt. Auch wenn sie irgendwo gelesen hat, dass Bakterien für den Duft verantwortlich sind. Genau genommen steht man, sobald Regen auf die Erde trifft, in einer Art Bakteriensturm. Sie runzelt die Stirn. Eigentlich gar nicht so romantisch, der Duft nach Regen. Sie öffnet die Augen. Allmählich muss sie die Gruppe wiederfinden.

Doch gerade, als sie losgehen möchte, verspürt sie warmen Atem, gekoppelt mit einem leichten Schnauben, an ihrem Hinterkopf. Die feinen Härchen in ihrem Nacken richten sich langsam auf. Sonja dreht sich um – und blickt geradewegs in zwei endlos schwarze Pferdeaugen. *»Hemmelarschondwolgabruch«,* murmelt sie. Aus der Ferne nähern sich Stimmen. Sie schielt in die Richtung, aus der die Geräusche kommen, verharrt ansonsten aber reglos. Ein Mann mit einem ausladenden Imkerhut kommt auf sie zu. »He, Sie dahinten, Sie wollen die Pferde ja wohl in Ruhe lassen.« Jetzt ist sie es, die schnaubt. Wer kommt hier wem zu nahe?

Wat'n Mallöör

Manchmal suchen Besucher sie lange vergeblich. Und dann, plötzlich, stehen sie versteckt und ruhig in einem Wäldchen – oder schnauben unaufmerksamen Gästen sanft in den Nacken, wenn sie so unachtsam sind wie Sonja und die Pfade verlassen. Seit einigen Jahren kommt der Hessepark prima ohne technische Hilfsmittel beim Rasenmähen aus – Konik-Wildpferde beweiden die Fläche. Das ist Sonja offenkundig entgangen. Wer nicht weiß, dass die Rasenmäher des Parks tierischer Natur sind, der kann sich schon einmal erschrecken.

Frei gelassen wurden die Ponys im Hessepark im Jahre 2012 durch den Nabu-Woldenhof im Zuge eines von der EU, dem Land Niedersachsen, der Bingo-Umweltstiftung, der Stadt Weener, dem Nabu Niedersachsen und den Eigentümern geförderten Projekts. Ursprünglich war der 30 Hektar große Hessepark in Weener eine Baumschule, die 1879 gegründet wurde. Ihre Beweidung soll den parkartigen Charakter auf schonende Art erhalten, ohne die Natur aus dem Gleichgewicht zu bringen. Die Tiere bringen in Verbindung mit der Minimierung pflegender Eingriffe nämlich die für Ganzjahresweiden typischen natürlichen Prozesse in Gang.

Die Rasse der Koniks gilt als besonders robust. Die Unterbringung im Hessepark ist also keine Tierquälerei, falls nun einige Schreie laut werden sollten, dass die armen kleinen Knuddel-Ponys im strömenden Regen ungeschützt und mutterseelenallein seien. Die Tiere sind früher überwiegend in der Landwirtschaft eingesetzt worden, das Grasen im Hessepark ist für sie eher ein All-inclusive-Programm mitsamt täglichen Gras-Smoothies als eine Schinderei. Davon abgesehen geht es Pferden auch gut, wenn man nicht auf ihnen sitzt und sie über Hindernisse springen lässt.

Die Koniks im Hessepark sind auch ohne derartige Hobbys ausgelastet. Im Vordergrund steht dabei natürlich Rasenmähen. Außerdem laben sie sich an den verdauungsfördernden Gräsern und Kräutern des Parks oder verleiben sich gleich Gehölzbestandteile ein, um sich praktischerweise mit Mineralien zu versorgen. Wenn es in den straffen Zeitplan passt, geht es ab und an auch zu den Wasserstellen, zum Bäumeschubbern oder zum Sandbad an eine der vegetationslosen Bodenstellen – die Beautyschlammpackung ist also ebenfalls inklusive.

Die Möglichkeit der direkten Begegnung mit den Wildpferden auf den Wegen des Parks sorgt gewiss für Naturerlebnisse der besonderen Art. Trotzdem sollten Besucher den Tieren nicht zu nahe kommen. Die Freiheit ist es, die den Pferden dort gewährt werden soll. Auch das Füttern der Tiere sollte in jedem Fall unterlassen werden. Oftmals schaden die Versuche den Pferden mehr, als dass sie guttun. Zumal es den Vierbeinern in dem Naturparadies nicht gerade an Nahrung mangelt. Der Hessepark ist für Fußgänger zum Zwecke einer stillen und naturverträglichen Erholung frei zugänglich.

An die Fläche angrenzend befindet sich übrigens ein Schmuckstück der Architektur, das zum Verkauf steht. Wer sich den Park mit seinen Bewohnern also als dauerhafte Umgebung herbeiwünscht, hat die Möglichkeit, seine Träume zu verwirklichen. Vorausgesetzt natürlich, das entsprechende Kleingeld stimmt. Schlappe 1,8 Millionen Euro möchte der derzeitige Eigentümer für die Luxusvilla haben, die im Stil der kalifornischen Moderne errichtet wurde.

26 DIE ENDLOSIGKEIT DER OSTFRIESISCHEN WEITE

... UND DEREN TÜCKEN

Langsam treibt die Sahne ihre Blüten im Tee. Sonja linst zu ihrem Kollegen Derk und rührt hastig, aber leise um. So gerne sie den Tee auch trinkt, an die dicke Sahnehaut, die sich beim Nichtumrühren durch den Fettgehalt bildet, kann sie sich nur schwer gewöhnen. Und wer weiß, wie der Kollege aus Rhauderfehn reagieren würde, immerhin kennt sie ihn erst seit heute Morgen. Die ständigen Redaktionswechsel sind immer ein Sprung ins kalte Wasser.

Doch ihre Hast ist unbegründet. Derk schenkt ihr keine Aufmerksamkeit, er ist wie jeden Morgen damit beschäftigt, die gestrigen Lokalausgaben mit aufgesetzter Lesebrille bedächtig durchzublättern. Kleine Lachfältchen zerknittern die Haut um seine Augen, als er eine Glosse überfliegt. Als er fertig ist, hebt er seinen Blick. »Na, hatteste keine Lust, was über den Heckenbrand gestern zu schreiben? Schöne Geschichte über den Hessepark. Mir gefällt der szenische Einstieg.«

»Oh, danke, Derk, das ist nett von dir. Musste auch ganz schön nach einer Geschichte suchen. Das Rheiderland ist, glaube ich, fast meine Station des Grauens. Da passiert einfach nichts. Das ist wie in den Filmen vom Wilden Westen, wenn die Gassen leergefegt sind und nur diese eine Strohkugel durchs Bild kullert, damit überhaupt etwas passiert.« Sie merkt, wie sie schon wieder zu viel redet. Doch Derk schmunzelt nur. »Tja, deshalb ist das Rheiderland auch mit eine der wichtigsten Stationen in eurem Volontariat. Im Lokaljournalismus fallen einem die Geschichten eben nicht vor die Nase, da muss noch ein Gespür für Nachrichten entwickelt und aus Terminen eine Geschichte herausgeholt werden. Apropos – der ambulante Pflegedienst hier in Rhauderfehn feiert siebzigjähriges Jubiläum. Das ist dein Termin in einer halben Stunde.« Er lacht, als er ihr Gesicht sieht. »Klingt nicht gerade spannend, ich weiß – aber worüber haben wir gerade noch einmal gesprochen?« Sie seufzt. »Darüber, dass man aus jedem Termin etwas machen kann, schon verstanden. Ich gehe dann mal ins Archiv, vielleicht stoße ich ja auf was, das ich gebrauchen kann.« Sie schiebt ihren Stuhl zurück und steht auf. Sie mag das Archiv, das sich in Rhauderfehn in unmittelbarer Nähe der Büros befindet. Sie mag die Ruhe und die endlosen Regale mit den unzähligen überdimensionalen gebundenen Ausgaben der vergangenen Jahrzehnte, das vergilbte Papier, das sich dünn wie Seide zwischen den Fingern anfühlt, und vor allem die Geschichten und die alten Werbeanzeigen. Damit könnte man genauso gut ein Museum füllen.

Nach wenigen Minuten hat sie die passende Ausgabe zu dem Gründungsdatum gefunden. Nur findet sie dort keine Geschichte über den gegründeten Pflegedienst, sondern einen Artikel über die Eröffnung eines kleinen Landkrankenhauses. Sie klemmt sich die große grüne Mappe unter den Arm und geht wieder zurück zu dem Büro, das sie sich mit Derk teilt.

Dann nimmt sie einen letzten Schluck von ihrem Tee und packt ihre Kamera und den Notizblock ein. Sie möchte nicht schon wieder zu spät kommen und nach dem Termin suchen müssen, weil die Veranstaltung schon begonnen hat – und den Termin dann, wie im

Hessepark, unvorbereitet und schnaubend antreffen. Schnell wirft sie einen Blick auf den Bildschirm ihres Computers und sieht nach, wo in etwa sich der Pflegedienst befindet. Zehn Minuten Fahrtzeit sollten kein Problem sein, nach einem Blick auf die Uhr stellt sie fest, dass sie noch vierzig Minuten hat.

In ihrem Auto, wenn man es denn so nennen mag, macht sie das Radio an. Ein alter Evergreen, vermutlich passend zum Baujahr ihres Gefährts, plärrt aus den Lautsprechern des Radios. Leider ist der alte Wagen von Frau de Boer noch langsamer, als ihr Golfinchen es war. Auf der Autobahn schafft es die Nadel auf dem Ziffernblatt des Tachos gerade einmal bis zur 90. Immerhin passt sie sich so wunderbar dem Fahrverhalten der Ostfriesen an. Sie muss sagen, dass sie den geruhsamen Verkehr allmählich schätzt. Und die Art, sich zu grüßen, das Anheben von ein bis zwei Fingern vom Lenkrad, findet sie auch sympathisch – ganz ostfriesisch, bloß keinen falschen Übermut.

Doch obwohl das alte Ding unter ihr nun wahrlich kein Vorzeigestück ist, versteht sich Grietjes Oma wunderbar darin, Sonja immer wieder auf die Nase zu binden, dass sie mit dem Wagen vorsichtiger umgehen solle als mit dem letzten und wie günstig sie ihn doch gekauft habe. Weshalb Sonja aus schlechtem Gewissen in halb Ostfriesland herumfährt, um für den Drachen Besorgungen zu erledigen. Ihr schwant langsam, dass die alte Frau es faustdick hinter den Ohren hat. Sie tippt die Adresse, die Südwieke, an der nächsten Ampel ins Navi ein.

Es ist ein diesiger Tag. Der Himmel hängt tief, die Wolken spiegeln sich in den Kanälen auf dem *Fehn* wider. Derk hat ihr in der Außenredaktion heute Morgen erzählt, dass er als kleines Kind auf den *Wieken* im Winter oft Schlittschuh laufen oder, wie er es nennt, *schöfeln* gewesen ist. Das muss toll gewesen sein, denkt sie, die Strecken wirken endlos, kilometerlang ziehen sie sich gen Horizont.

Nach einem Kreisel weist einige Minuten später ein leicht grünlich angelaufenes Straßenschild auf die Südwieke hin. Sonja schaltet ihr Handy-Navi aus, um ihr Datenvolumen zu schonen, und biegt ab. Tatsächlich ist sie heute wirklich zu früh, sie hat noch 25 Minuten Zeit bis zum Beginn der Feier. Wenn sie eine Hand frei hätte, würde sie sich auf die Schulter klopfen. Zwar befindet sich der Pflegedienst laut Google am Ende der Südwieke, trotzdem sollte das locker machbar sein. Wie schön die Leute hier wohnen, denkt sie, als sie an den Einfamilienhäusern vorbeifährt, die nebeneinander aufgereiht am Wasser liegen. Kleine Kanus und Boote wurden bereits aus dem Winterquartier hervorgeholt und liegen an kleinen Pfählen angetaut im glatten Wasser.

Als Sonja an das Ende der Straße gelangt, fehlt nur noch eins: der Pflegedienst. Das Straßenschild stimmt, wie Sonja nach einem Blick nach links feststellt: Südwieke hebt sich schwarz von dem weißen Schild ab. Fluchend kramt sie ihr Handy aus der Manteltasche. Direkt an die Wieke schließt sich die Reinekestraße an. Vielleicht haben die das bei Google Maps ja noch nicht mitbekommen, und das Pflegeheim liegt weiter hinten? Neben ihrem Wagen steht eine ältere Frau mit rosafarbenen Gummistiefeln im Blumenbeet ihrer Auffahrt. Als sie den laufenden Motor bemerkt, wirft sie einen Blick auf Sonjas Kennzeichen und kommt zu ihr hinüber. »*Moin*, junge Dame. Kann ich Ihnen irgendwie helfen?« Sie wischt sich die Blumenerde an der Jeans ab.

»Ehrlich gesagt, wäre das sehr nett. Ich habe einen Termin beim ambulanten Pflegedienst. Da bin ich hier aber offenbar falsch?«

Die Frau macht eine ausladende Handbewegung. »*Jau*, da haben Sie die falsche Südwieke erwischt. Insgesamt haben wir vier davon im Angebot, in welche müssen Sie denn? Ich tippe mal auf die vierte.«

Sonja schaut auf ihr Handy und das Navi, das sich aufgrund fehlender Internet-Verbindung entschieden hat, nichts mehr zu aktualisieren. »Ach, du lieber Gott. Das schaffe ich nie im Leben pünktlich.«

Wat'n Mallöör

Wie auf einer Perlenschnur aufgereiht blicken die Häuser auf dem *Fehn* übers Wasser: über die *Wieken*, Kanäle und *Schloote*. Sie alle sind, wie bereits erläutert, Teil der ostfriesischen Moorlandschaft und ihres Entwässerungssystems. Da sich die Wasserwege früher ebenso gut als Transportwege eigneten, erstrecken sie sich oftmals kilometerlang bis zum ostfriesischen Horizont. Das ist in erster Linie natürlich idyllisch zu betrachten und von symbolischem Gehalt für die ostfriesische Landschaft zu sehen. Kein Wunder also, dass Sonjas Kollege Derk als Kind die langen Wege liebend gerne zum *Schöfeln* genutzt hat. Wenn man sich aber wie Sonja verfahren und es eilig hat und sich nicht genau über die Straßen informiert hat, ist die Aussicht nicht mehr so gut zu genießen. Dann zieht sich jeder zusätzliche Meter quälend in die Länge. Stolze vier Südwieken reihen sich in Rhauderfehn aneinander und bringen pro Straße einiges an Strecke mit: bis zu 22 Kilometer. Hier empfiehlt sich definitiv ein genauerer Blick auf die Adresse.

Außerdem sollten Autofahrer die Idylle nicht unterschätzen. Gerade die suggerierte Ruhe ist es, die bereits manchem Autofahrer zum Verhängnis wurde. Denn so schön die Wasserstrecken anzusehen sind, so gefährlich sind sie in unmittelbarer Nähe der Straße. Immer wieder kommt es zu Unfällen, da die meisten Kanäle, um die Idylle nicht zu verschandeln, nicht zusätzlich gesichert sind. Bei überhöhter Geschwindigkeit und verlorener Kontrolle über den Wagen passiert es schnell, dass die Insassen mitsamt Auto im Kanal versinken. Hin und wieder wird darum im jeweiligen Ortsrat beratschlagt, ob die *Wieken* mit Leitplanken gesäumt werden sollen. Aus Kostengründen (bei der Strecke kommt einiges an Material für eine so kleine Gemeinde zusammen) wird der Vorschlag aber meist abgelehnt. Ohnehin sind die schönen schnurgeraden Kanäle für die Gemeinden nicht leicht zu tragen: Da die gegenüberliegenden Häuserreihen von einem Kanal getrennt sind, müssen alle Versorgungseinrichtungen wie Straßen und Kanalisation doppelt gebaut werden.

27 FINGER-SPITZENGEFÜHL

DER STIMMUNGSGARANT GRANAT

Knack. Geräuschvoll lässt Frau de Boer das Tier zwischen ihren Fingern bersten und wirft die Überreste auf eine weiße Serviette. Dann schiebt sie sich einen rosigen Halbkringel genüsslich in den Mund zwischen ihren beiden herunterhängenden Wangen. Anschließend versucht sie mit den vom Pulen fettigen Fingern zu schnipsen.

Kauend erklärt sie: »Zwischen dem zweiten und dritten Beinpaar zweimal knicken, *Mors* und *Kopp* abziehen, lecker. So einfach is das!«

Wie Sonja mit Frau de Boer in Greetsiel gelandet ist, kann sie sich noch immer schwer erklären. Eigentlich hatte sie nur Grietje das Kameraobjektiv, das sie sich geliehen hatte, vorbeibringen wollen, als Frau de Boer erklärte, dass sie zur Krabbenpul-Meisterschaft wolle, ihr Auto in der Werkstatt sei und Sonja aufgrund des netten Verkaufsangebots des Corsas in der Pflicht stehe, sie ebendort hinzubringen. Grietje hatte nur ratlos mit den Schultern gezuckt. Wie betäubt war sie der alten Frau zum Auto gefolgt.

KLOOKSCHIETER: KUTTER, KORSO, KRABBEN

Von der Fischerei und dem damit einhergehenden Tourismus geprägt, zählt der Ort Greetsiel mit 27 Krabbenkuttern zu einem der größeren deutschen Kutterhäfen. Der historische Hafen ist mehr als 600 Jahre alt. Mehrfach haben Regisseure die Landschaft um den ostfriesischen Fischerhafen als Kulisse für Filme genutzt, nicht zuletzt natürlich Otto Waalkes. Die Vermarktung des kleinen Örtchens floriert also: So verbucht die zugehörige Gemeinde Krummhörn 400.000 Übernachtungsgäste und eine Million Tagesgäste jährlich. Auch die Tourismuslücke im Winter wird gefüllt: In der kälteren Jahreszeit liegt in dem kleinen Hafen das Schiffshotel *Dutch Princess* an.

Bei dem Rahmenprogramm ist es allerdings auch schwer, Greetsiel nicht zu mögen. Unter anderem findet im Hochsommer der klangvolle Kutterkorso statt, bei dem die Schiffe Gäste für die etwa vierstündige Fahrt mit Musikbegleitung aufnehmen.

Tja, immerhin ist sie nicht auf einem der Kutter gelandet. Bei den Wellen wird ihr schon beim Hinsehen schlechter als von dem Fischgeruch, der ihr in die Nase steigt, kombiniert mit dem Bild von Frau de Boers fettverschmiertem Mund.

So schwierig sieht die Sache mit den Krabben nun wirklich nicht aus. Vorsichtig nimmt sie eine aus der roten Schale vor sich und zieht an dem Kopf – zack, glitscht das Tierchen Sonja aus der Hand und landet vor Frau de Boer, die die Szene mit einem Kopfschütteln und hochgezogenen Augenbrauen quittiert, während sie wie am Fließband arbeitet. Knack. Knack. Knack.

Mit geröteten Wangen unternimmt Sonja den nächsten Anlauf. Den Triumph gönnt sie Grietjes Oma nicht, die sich für den Anlass ein rotes Tuch, das Sonja an ihr eigenes aus Kindergartenzeiten erinnert, um den fleischigen Hals geknotet hat. So leicht wird sie nicht die Flinte ins Korn werfen, und wenn sie Hilfsmittel benutzt. Listig grinsend nimmt sie eines der Messer, die auf dem Tisch liegen, ungeachtet der Blicke der anderen Mitstreiter. Doch als das Messer auf den Panzer des Tiers trifft, zerplatzt es unter der Last des Bestecks in fleischige Stückchen. Knack. Überrascht hält Sonja nur noch einen dunklen Teil der Krabbe in den Händen.

Frau de Boer lacht röchelnd. »Das is übrigens der Darm, der da übrig geblieben is. Den willste wahrscheinlich nicht essen. Ha.«

»*Wa isch au des für a Scheiß?*«, brummt Sonja und schlägt dann die Hand vor den Mund, bevor auch sie anfängt zu lachen.

Wat'n Mallöör

Tja, die Situation hatte Sonja offenkundig nicht im Griff. Tatsächlich muss man beim Krabbenpulen vor allem eines tun: den Granat in eine Zwickmühle bringen. Das Wichtigste dabei ist Geduld. Je hektischer und ungeduldiger der Anfänger wird, desto unvorsichtiger wird er auch. Dementsprechend schwierig gestaltet es sich, das Krabbenfleisch als Ganzes herauszulösen, ohne ein Massaker anzurichten. Auch das Besteck, das Sonja gepackt hat, sollte der Krabbenpuler lieber beiseitelassen. Eher behindert es beim Befreien des Fleisches aus dem Panzer, als dass es hilft. Oftmals platzt der Panzer der Krabbe nicht wie gewollt auf und zerlegt das Fleisch in alle Einzelteile. Vermutlich hat der wachsame Blick von Frau de Boer nicht geholfen. Ein wenig Ruhe hätte Sonja nicht geschadet. Eines aber hat wohl beiden gefehlt: Fingerspitzengefühl.

KLOOKSCHIETER: DAS KLEINE KRABBEN-EINMALEINS

Knacken, ziehen, lösen: Was so einfach klingt, ist für ungeübte Hände gar nicht so leicht. Hier eine Anleitung:

- Zunächst den Krabbenkopf mit Daumen und Zeigefinger festhalten – nicht quetschen.

- Mit der anderen Hand anschließend ohne Druck das Hinterteil hin- und herdrehen, bis der Panzer in der Mitte bricht.
- Nun wird der Krabbenpanzer am Schwanz festgehalten.
- Vorsichtig den Hinterleib aus der Schale ziehen.
- Jetzt das Krabbenfleisch vom Kopf lösen – ja, da gibt es einen kleinen Widerstand, ruhig Blut bewahren, hier wird Fingerspitzengefühl benötigt (so wie Frau de Boer es macht).
- Nicht aufgeben, Übung macht den Krabbenmeister!

Doch was macht der Krabbenpulende eigentlich am Ende mit dem ganzen Granat? Stück für Stück essen? Die Greetsieler haben sich etwas Besseres einfallen lassen – das Krabbenbrot. Für das Greetsieler Krabbenbrot braucht es nicht mehr, als ein gutes ostfriesisches Schwarzbrot mit Krabben und einem Spiegelei zu belegen. Salz und Pfeffer – fertig! Übrigens kann auch die Schale der Tiere Verwendung finden. Fix wird daraus eine feine Krabbensuppe. Dann hat sich die Arbeit wenigstens gelohnt.

Übrigens ist der Name der Tierchen irreführend. Die Krux bei der Sache ist nämlich die: Die gute alte Nordseekrabbe ist gar keine Krabbe, sondern eine kleine Sand-Kaltwassergarnele aus der Nordsee. Krabben sind Kurzschwanzkrebse, Tierchen mit rundlichen Körpern und kräftigen Scheren. Die gemeinhin bekannte Nordseekrabbe hingegen gehört zu den Langschwanzkrebsen – also zu den Garnelen. Den gemeinen Sprachgebrauch juckt das herzlich wenig. Das Wort Krabbe wird am häufigsten benutzt. Ob aber Krabbe, Garnele oder Granat – sei's drum: Am Ende zählt, dass es schmeckt. Wenn es denn einmal gepult ist.

28 AUFGELAUFEN

EBBE UND FLUT ODER: WIE MAN SICH IN GEDULD ÜBT

Eine sich weithin ausdehnende, das Festland umgebende Wassermasse, die einen großen Teil der Erdoberfläche bedeckt – das ist dem Duden nach das Meer. Ergo stehen Sonja und Max vor einem überdimensionalen und nassen Sandkasten und nicht vor der Nordsee. Von der See ist nämlich weit und breit keine Spur. Einsam wie das Gerippe eines riesigen Skeletts ragen die Wellenbrecher aus dem Grund in den Himmel.

»Und du bist dir sicher, dass die Fähre von Neßmersiel fährt? Sieht mir eher so aus, als wäre die auf Tauchstation gegangen.« Max guckt in Richtung des Schiffs, das sie eigentlich auf die Insel bringen soll. Ein Stück Oberdeck ragt über die Hafenkante.

»Sieht irgendwie nicht danach aus. Das kann aber eigentlich nicht sein, die Fahrtzeit habe ich schwarz auf weiß auf den Tickets stehen, die ich ausgedruckt habe.« Sonja gibt Max die Zettel. »Und sieh mal, die da drüben gehen jetzt einfach zu Fuß rüber.« Sonja zeigt auf eine Gruppe Spaziergänger, die barfuß ihre Fußabdrücke im Schlamm hinterlassen. »Wie doof, dass wir die Räder mithaben, sonst könnten wir einfach nach Baltrum laufen.«

Max wirft einen Blick zu der Gruppe. »Stimmt. So was aber auch. Ob die hier die Touristen einfach über den Tisch ziehen? Wenn kein

Meer da ist, ist das da drüben doch nicht mal eine Insel. Und wir buchen da teuer Tickets. Na, denen huste ich jetzt aber was. Keine Panik, Sonja, ich kläre das.« Mit den Zetteln in der Hand läuft Max, ganz Herr der Lage, hinüber zum Schalter. Für die Tage auf der Insel hat er sich extra freigenommen, das lässt er sich nicht verderben.

Max schiebt den Zettel durch den Schlitz in der Glasscheibe. »Hallo zusammen. Ich bin zwar weitsichtig, meine aber doch die Abfahrtzeit lesen zu können. Jetzt habe ich mich soeben ein bisschen umgesehen und ehrlich gesagt, sieht es nicht danach aus, als würde die Fahrt nach Baltrum, die wir bezahlt haben, allzu bald stattfinden.

»Nee, das is richtig.« Der Mann am Schalter nimmt einen Schluck Tee aus seiner Tasse und blättert durch eine Zeitung, die verdächtig nach Sonjas *Oostfreesen-Blattje* aussieht.

Max räuspert sich. Der Mann liest weiter. Röte steigt Max ins Gesicht. So eine Frechheit! »Ja, möchten Sie das eventuell noch ausführen? Oder soll ich mich gleich an Ihren Chef wenden und Schadensersatz verlangen? So eine Abzocke, unglaublich!«

Seelenruhig stellt der Mann seine Tasse ab, bevor er hochschaut. »Junger Mann, Sie können das gern versuchen. Dass das Meer Ihnen das Geld zurückerstattet, glaube ich nicht. An Ihrer Stelle würde ich aber abwarten und Tee trinken. Drei Euro fünfzig die Kanne nebenan, das is doch mal was. Danach is dat Wasser auch wieder da.« Er schiebt Max eine Broschüre durch die Öffnung. Dann verschließt er den Schlitz, nimmt seine Tasse in die Hand und blättert weiter durch die Zeitung.

Wat'n Mallöör

Da haben Sonja und Max die Rechnung ohne die Gezeiten gemacht. Der Mann am Schalter hat Max nicht auf den Arm genommen, als er sagte, er solle warten und ein wenig Tee trinken. Nur kann man in so einem Fall eben herzlich wenig ausrichten, außer zu warten und dabei den einen oder anderen Tee zu trinken. Es sei denn, man ist in der Lage, die Naturgesetze zu ändern. Das Phänomen Ebbe (ablaufendes Wasser) und Flut (auflaufendes Wasser) hat mit der Fliehkraft der Erde und der Anziehungskraft des Mondes zu tun. Erstere sorgt dafür, dass das Wasser in der Nordsee auf die sonnenabgewandte Seite gedrückt wird. Damit das Wasser aber nicht auf Nimmerwiedersehen verschwindet, holen die Anziehungskräfte des Mondes das Wasser wieder zurück. Der daraus entstehende Tidenhub (Unterschied des Wasserstands zwischen Hoch- und Niedrigwasser) ist von Küstenform und Lage abhängig. An der Nordseeküste ist er besonders groß, da er auf Fernwirkungen des Atlantischen Ozeans basiert. So schwappt die atlantische Flutwelle vom Westen her erst durch den Ärmelkanal, dann zwischen Schottland und Norwegen hindurch bis in die Deutsche Bucht hinein.

Nun folgt der Tanz einem Rhythmus, der von der Umlaufbahn des Mondes und der galanten Drehung der Erde um die eigene Achse abhängt. Fast mutet die Sache romantisch an. Wäre da nicht die blöde Wartezeit, die Sonja und Max jetzt absitzen müssen. Es kann durchaus sein, dass sie ihre Fähre nur um Minuten verpasst haben. Die Gezeiten ändern sich nämlich täglich um etwa 45 Minuten. Die Fahrpläne sind also mit Vorsicht zu genießen. Aber fährt man letzten Endes nicht genau deshalb in den Urlaub? Um einmal eben nicht alles kontrollieren zu können?

Zunächst einmal sollten Sie also den Ostfriesen am Schalter Ostfriese sein lassen. Die Gelassenheit ist kein Affront. Sie ist gottgegeben. Ein Ostfriese erkennt, wann es Zeit ist, schnell zu handeln – und wann nicht. Das hat rein gar nichts mit Ihnen zu tun, bilden Sie sich also nichts ein. Der Ostfriese ist, wie eingangs erwähnt, ein echter Zeitökonom.

Ferner ist es aber möglich, den Gezeitenkalender unabhängig von den auf den Internetseiten angegebenen Fährplänen im Auge zu behalten. Etwaige Fehler, die im Fahrplan vorkommen könnten, können so früh genug erkannt werden. Beispielsweise ist dies mithilfe des Gezeitenkalenders des Bundesamts für Seeschifffahrt und

Hydrographie möglich. Auf deren Website kann der mühelos bestellt werden. Trotzdem sei hier angemerkt, dass auch das zuständige Bundesamt keine Gewähr übernimmt.

Wer es lieber eine kleine Nummer sicherer hätte, fährt zum Beispiel nach Norderney. Die Insel ist im Gegensatz zu Baltrum für ihre relative Tideunabhängigkeit bekannt. Doch auch hier verlandet der Wasserweg ab und an bei Ostwind. Die Fahrrinne durch das Wattenmeer muss aus dem Grund immer wieder ausgebaggert werden, damit die Fähren Wasser unter dem Kiel haben.

So richtig sicher kann sich der Fahrgast also nicht sein, dass seine Überfahrt stattfindet. Da sag noch einer, in Ostfriesland wird man nicht überrascht. Für die deutsche Bürokratie ist diese Unbezähmbarkeit der Physik und des Wetters das blanke Risiko.

KLOOKSCHIETER: VOM FESTLAND ZUR INSEL

Um Ihnen zumindest das Gefühl von Sicherheit zu verleihen, hier ein kleiner Überblick über die Inseln, die es wagen, tideabhängig und wankelmütig zu sein, sowie über jene, die Ihnen einen relativ ruhigen Schlaf bescheren:

- Borkum: Die Überfahrt von Emden und Eemshaven in den Niederlanden ist tideunabhängig.
- Juist: Die Fahrt ab Norddeich ist tideabhängig und findet deshalb nur ein- bis zweimal täglich statt.
- Norderney: Wenn die Fahrrinne frei ist, fährt man ab Norddeich bis zu fünfzehnmal täglich tiedeunabhängig.
- Baltrum: Die Fahrt von Neßmersiel nach Baltrum ist, wie bereits erwähnt, tideabhängig.
- Langeoog: Von Bensersiel aus fährt die Fähre immerhin stolze neunmal täglich. Urteil: tideunabhängig.

- Spiekeroog: Die Dorfschönheit ist tideabhängig und deshalb von Neuharlingersiel aus dreimal täglich zu unterschiedlichen Zeiten erreichbar.
- Wangerooge: Trotz trotziger Tideabhängigkeit ist die Insel von Harlesiel aus bis zu fünfmal täglich erreichbar.

29 DER BALLERMANN-TOURIST

... UND DIE SONNENMILCH

Der Geruch von Salz und Fisch steigt ihr in die Nase. Sonjas Blick folgt dem weißen Schweif, den die Fähre in den schlickfarbenen Wellen wie ein Komet hinter sich herzieht. Kleine Sicheln, die dem Weiß von Fingernägeln ähneln, tauchen hier und da im Meer auf, sobald sich der Wind gegen das Wasser wirft. Entlang hölzerner Wellenbrecher, die vom Wetter gebeutelt krumm aus dem Meer ragen, pflügt die Fähre durch die See. In der Ferne ist das Kreischen der Möwen zu hören. Sonja schmiegt sich an Max und schließt die Augen. Es stimmt, was Grietje ihr gesagt hat: Der Urlaub beginnt auf der Fähre.

KLOOKSCHIETER: BALTRUM

Fünf Kilometer lang, eineinhalb Kilometer breit – mit ganzen sechseinhalb Quadratkilometern ist Baltrum die flächenmäßig kleinste Ostfriesische Insel. Auf 15 Kilometern kann der Spaziergänger einmal das Stück Land umrunden. Kaum verwunderlich also, dass so manch böse Zunge behauptet, der Name der kleinen Insel sei darauf zurückzuführen, dass man »bald rum« sei. Trotzdem kümmern sich die 475 Einwohner hier um jährlich immerhin 70.000 Gäste und leben somit vom Tourismus. Natur und Landschaft erzählen die bewegte Geschichte der Insel: Von einer Aussichtsdüne lassen sich die verschiedenen Stadien der Dünenentstehung erkennen.

Unter die maritimen Gerüche mischt sich ein weiterer Duft, den Sonja liebend gern durch die Nase einsaugt: Sonnencreme. Sie stutzt, blickt sich um und stößt Max unauffällig in die Seite. »Schau dir das an. Das bisschen Sonne, die wissen offenbar gar nicht, wann man Creme wirklich braucht.« Sie kichert. »Würden wir uns in Süddeutschland immer eincremen, wenn ein bisschen Sonne da wäre, müssten wir uns das ganze Jahr einbalsamieren.«

Max schüttelt fassungslos den Kopf. »Tja, *safety first*. Wenn man Ostfriesland nie verlässt, ist das hier wahrscheinlich Mallorca. Die sollen die paar Minuten Wärme im Gesicht genießen, die sie haben.« Er streicht Sonja eine ihrer braunen Haarlocken hinters Ohr, die sich mit dem Wind aus ihrem Zopf befreit hat. Dann neigt er seinen Kopf gen Himmel und genießt die Wärme auf der Haut.

Eine knappe halbe Stunde später legt die Fähre an. Als sie das Oberdeck verlassen und im Unterdeck auf den Ausgang zusteuern, bleibt Max stehen, als er seine Freundin ansieht. »Sag mal, Sonja: Hast du Sonnenbrand?«

Wat'n Mallöör

Hochmut kommt bekanntlich vor dem Fall. Da haben die beiden Reiseexperten doch glatt die Sonneneinstrahlung unterschätzt. Hier ein abfälliger Blick, da ein stichelnder Kommentar – dass die Sonne ihre Kraft trotz des Windes nicht verliert, daran haben die beiden nicht gedacht. Zwar kühlt die steife Brise die Haut ab. Die Sonne scheint trotzdem. Schnell holen sich Übermütige auf den Fähren zu den Ostfriesischen Inseln einen ordentlichen Sonnenbrand.

Wie Sie die Schmach vermeiden können? Sonnencreme einpacken. Eincremen. Hut aufsetzen. In Demut verweilen. Auf diese Art vermeidet der Urlauber in Ostfriesland auch die Analogie zum Ballermanntouristen und zum Klischee des deutschen Urlaubers, der mit weißen Tennissocken in beigefarbenen Sandalen zu reisen pflegt. Die Sicherheitsvorkehrungen erlauben es, mit einer vornehmen Bräune und noch vorhandener Würde die Rückreise wieder anzutreten.

30 ABFAHRT!

WO DIE FAHRRADKULTUR ENDET

Möwen kreisen am Himmel. Einsam und verlassen lehnen ihre Hollandräder an der Reling. Sonja und Max gehörten zu den Letzten, die die Fähre verlassen. Auf einer mit roten Klinkersteinen gepflasterten Fläche warten bereits kleine Wagen mit dem Gepäck auf die Gäste. Während die anderen Urlauber ihre Taschen einsammeln, schieben die beiden ihre Fahrräder auf einen schmalen Weg, der rechts und links von Salzwiesen eingerahmt wird. Von den Fährgästen sind sie die einzigen, die ein Rad dabeihaben. Vermutlich liegt das am Alter der Gäste, denkt Sonja. E-Bikes lohnen sich auf der kleinen Insel offenbar nicht einmal für die Greise, deren weiße und graue Köpfe sie auf der Fähre gesehen hat.

Über den Wind hinweg ruft Sonja Max zu: »Du, der Kapitän hat mich gerade vielleicht gemustert. Bestimmt, weil ich schon, bevor ich die Insel überhaupt betreten habe, aussehe wie eine Krabbe. So was Peinliches. Und ich habe mich noch über die anderen auf der Fähre lustig gemacht.«

Er schmunzelt. »Wir kaufen gleich erst mal eine Tube Sonnencreme und schmieren dich von Kopf bis Fuß ein.«

Netterweise hat Grietje Max ihr Rad geliehen. Da sie nur wenige Tage auf der Insel vor sich haben, möchten die beiden die Zeit nutzen und möglichst viel sehen. Sonja hat im Internet ein paar

Sachen überflogen und erfahren, dass Autos auf den meisten Ostfriesischen Inseln aus offensichtlichen Gründen nicht erlaubt sind: Es lohnt sich vermutlich einfach nicht, den Motor anzumachen. Auf Baltrum, der kleinsten Ostfriesischen Insel, ohnehin nicht.

Den Rucksack geschultert, fahren beide in Richtung des Inselkerns, wo sie ein kleines Apartment gebucht haben. Einige der Gäste lassen sich von kleinen Kutschen, die von Haflingern gezogen werden, zu ihren Unterkünften bringen. Sonja und Max fahren am Rand des Weges, um nicht quer durch die Menge zu fahren.

Trotzdem werfen ihnen einige der Touristen abfällige Blicke zu, andere schütteln den Kopf. Sonja bemerkt sogar, wie einer der Kutscher ein abfälliges Schnalzen von sich gibt und eine Frau die Nase rümpft. So schlimm kann der Sonnenbrand doch gar nicht sein. Oder?

Wat'n Mallöör

Na ja, der Sonnenbrand hat der Szene vermutlich noch etwas Würze verliehen. Hauptsächlich ging es aber um etwas anderes. Hätte Grietje gewusst, dass die beiden Urlaub auf Baltrum machen, hätte sie ihnen ihr Rad gewiss nicht mitgegeben. Denn: Auch Fahrräder sind dort nicht gern gesehen. Es gibt nicht einmal einen Fahrradverleih auf der Insel. Wozu auch? Sie ist schlichtweg zu klein, um eine ausgiebige Radtour zu unternehmen. Man stelle sich vor, 4.000 Gäste führen zeitgleich kreuz und quer über das Eiland. Die kleine Insel sähe aus der Vogelperspektive vermutlich wie ein wild gewordener Ameisenhaufen aus, ein Verkehrschaos wäre programmiert. Die Infrastruktur fehlt ebenso wie der Raum. Nicht umsonst wird Baltrum auch das Dornröschen der Nordsee genannt. Auf der Insel sollen die Uhren mit Absicht (noch) langsamer ticken als andernorts, Urlauber wählen Baltrum wegen der Stille aus.

E-Bike-Scharen wären erst recht fehl am Platz – und vielleicht ist das auch ganz gut so. Immerhin hat es die Menschheit bislang auch so geschafft, sich vorwärtszubewegen. Und ohne E-Bikes kann der Spaziergänger tief Luft holen, die Stille der Insel wirken lassen und mit der Gewissheit seine Gedanken schweifen lassen, dass ihm niemand in die Hacken fährt, weil die Reaktionsgeschwindigkeit in letzter Sekunde doch nicht für einen Bremsvorgang ausreiche.

Auf Baltrum sind die Wege kurz, alle Orte sind schnell und bequem zu Fuß erreichbar. Lassen Sie Ihr Rad zu Hause. Ihr Auto wird in der Zwischenzeit auf einem Parkplatz beim Fähranleger hinter dem Deich in Neßmersiel sicher verwahrt und ist vor etwaigen Fluten geschützt. Sollten Sie dennoch einmal dringend ein Transportmittel benötigen, etwa aus gesundheitlichen Gründen, hilft Ihnen Ihr Gastgeber aus und leiht Ihnen bei Bedarf ein Fahrrad, einen Bollerwagen für die Kinder oder eine Wippe. Letztere ist übrigens nicht zum Schaukeln gedacht, so heißen die Kofferkarren hier. Sonja und Max aber sahen für die anderen Urlauber nicht sonderlich gebrechlich aus. Klar, dass sie da Kopfschütteln ernteten, immerhin haben die anderen auch auf ihre geliebten Zweiräder verzichtet.

Wenn Sie tatsächlich zwangsweise mit dem Fahrrad unterwegs sein sollten, denken Sie daran, Rücksicht auf andere zu nehmen, besonders auf die Pferdefuhrwerke, die ständig unterwegs sind und gemächlich Gäste kutschieren. Außerdem sollten Sie darauf achten, dass die Rettungswege zum Strand frei bleiben – wer möchte schon gern während eines Einsatzes die Zufahrt mit dem Fahrrad versperren.

Wer sich einfach nicht von seinem Drahtesel trennen kann und will, der findet Trost auf Langeoog, Norderney, Juist, Borkum und Wangerooge. Dort sind Zweiräder erlaubt. Auf Spiekeroog wiederum nicht.

31 BALTRUMS BEBAUUNG

EINE GANZ EIGENE HAUSNUMMER

»Ist doch nicht so wild, Sonja. Dann gehen wir eben zu Fuß. So klein, wie die Insel augenscheinlich ist, geht das wahrscheinlich genauso schnell.« Max nimmt Sonja das Fahrrad ab und schiebt es hinüber zu seinem, das er bereits in der Nähe des Anlegers abgestellt und angekettet hat.

»Ich finde das einfach unmöglich, Max. Das hätte einem ja auch wirklich mal jemand vorher sagen können. Der Mann am Schalter beispielsweise. Und dann wieder so ein dröges: Junge Dame, Fahrradfahren is hier nicht.« Sonja äfft den Mann nach, der ihnen entgegengekommen ist und sie auf den Fauxpas aufmerksam gemacht hat. »Wenn ich das noch einmal höre. Junge Dame. Die können mir den Buckel runterrutschen, diese Hünen mit ihren Plattfüßen.« In breitestem Schwäbisch flucht Sonja noch eine Weile vor sich hin.

Max lehnt mit überkreuzten Knöcheln und aufgestütztem Kinn am Geländer des Hafenkais. Er grinst. »Haben wir's, Motsi? Möchtest du noch weiter schimpfen oder wollen wir losgehen und unsere Wohnung suchen?« Er gähnt.

Sonja sieht ihn misstrauisch an. »Fang bloß nicht an, auch noch so gelassen zu werden.« Mit diesen Worten stapft sie an ihrem Freund vorbei in Richtung Inselkern.

KLOOKSCHIETER: WO SICH BALTRUM BALLT

Baltrum untergliedert sich in drei äußerst kreativ benannte Ortsteile: Westdorf, Ostdorf und das alte Ostdorf. Der größere Teil ist Westdorf in der Nähe des Hafens. Hier finden Urlauber an der Strandpromenade gemütliche Restaurants und Cafés. Naturliebhaber zieht es für gewöhnlich nach Ostdorf, wo im Frühjahr und Herbst Tausende Vögel brüten und rasten. Außerdem erinnern die urigen Insulanerhäuschen an die Zeiten, als der Großteil der Bewohner seinen Lebensunterhalt noch mit dem Fischen bestritt. Im Verlauf der Jahrhunderte haben Sturmfluten das Äußere der Insel stark verändert. So ist die Insel einst deutlich größer gewesen und hat durch das Hochwasser einiges an Land einbüßen müssen. Gotteshäuser wurden vom Wasser eingerissen und gar fortgespült. Die heutige Kirche, in der immerhin 50 Besucher Platz finden, steht seit 1826 in Westdorf. Ein hölzerner Glockenstuhl mit holländischer Glocke, die einst an Land gespült wurde, steht neben der Kirche und ist das Wahrzeichen Baltrums.

»Weißt du überhaupt, wo wir hinmüssen?« Max sieht seiner Freundin lachend hinterher. Wie die sich aufregen kann! Dann wird er ernst. Bloß nichts anmerken lassen, die Bombe ist schon scharf genug.

Die tickende Bombe läuft bereits mit dem Zettel in der Hand vorweg, vorbei an rotem Backsteinklinker. Doch so richtig geplant sieht Sonjas Vorgehensweise nicht aus. Vermutlich funktioniert das Navi wieder nicht. Max hat nach Verlassen der Fähre schon geguckt, ob er Netz hat. Fehlanzeige. Er zuckt mit den Achseln und tapert seiner Freundin hinterher.

Über ihnen kreischen am Himmel ein paar Möwen, die in Richtung See fliegen. Die Wohnung, die eine Verwandte von Nantje ihnen spontan gegen eine geringe Aufwandsentschädigung zur Verfügung gestellt hat, liegt direkt am Meer. Max hat sich vorab einige Bilder angeguckt, die Wohnung ist ein Traum. Komischerweise stand auf dem Flyer aber nur eine Nummer und keine Straße, genau wie auf der Internetseite.

Da seine Freundin noch immer mit geröteten Wangen vor ihm herläuft, geht er nicht davon aus, dass es klug wäre, sie darauf anzusprechen. Wahrscheinlich ist es ihr immer noch peinlich, sich über das indirekte Fahrradverbot nicht informiert zu haben. Als Journalistin mag sie es nicht gern, aufgrund mangelnder Recherche überrascht zu werden.

Nachdem sie den Inselkern zum zweiten Mal hinter sich gelassen haben, verlangsamen sich Sonjas Schritte. Als sie sich umdreht, muss Max an einen begossenen Pudel denken, wie sie da so mit herunterhängenden Schultern steht.

»Max?« Sie seufzt. »Ich glaube, ich habe mich verlaufen. Dabei kann das gar nicht sein. Da vorne war Hausnummer 133, aber anstatt dass wir hier die 134 vorfinden, steht an der Wand die 200 angeschlagen. Ich glaube, denen sind ein paar Häuser abhandengekommen. Hat bestimmt der Wind weggepustet.« Unglücklich guckt Sonja ihren Max an. »Und es kann sein, dass wir auch ein-, zweimal im Kreis gelaufen sind.«

Max versucht, ernst zu bleiben. »Eigentlich sogar dreimal. Ich wollte ja nichts sagen. Mein kleiner Feldwebel war so in Rage, den wollte ich nicht aufhalten.« Jetzt kichert er doch.

»Max!« Sonja gibt ihrem Freund einen Klaps auf die Schulter. »Und dann lässt du mich einfach so weiterlaufen?«

»Ich bin jetzt lange genug mit dir zusammen, um zu wissen, dass ich in solchen Momenten lieber den Mund halte.« Wieder lacht er und fährt sich durch die Haare. »Jetzt wollen wir aber erst mal die Wohnung finden, hmm, mein kleiner Dampfkessel?«

Wat'n Mallöör

Was ist diesmal falsch gelaufen? Sonja und Max, weil sie sich vorher nicht über den Aufbau des Inselkerns schlaugemacht haben. Auf Baltrum gibt es nämlich keine Straßennamen, sondern nur

Hausnummern. Und die folgen auch nicht einer Reihenfolge, sie verlaufen kreuz und quer und hinterlassen dabei überall verwirrte Ersturlauber. Ursprünglich sind die Nummern chronologisch zum Zeitpunkt des Hausbaus vergeben worden, sodass die ältesten Häuser die niedrigsten Hausnummern haben. Da nachträglich aber hier und da Gebäude abgerissen und dafür wieder neue gebaut wurden, ist es nicht möglich, sich an der Bauweise zu orientieren. Zumal sich die Häuser ähneln – die Architektur ist auf Baltrum wenig aufregend, es überwiegt der Einheitsbaustil in rotem Klinker. Die Zahlen, die wie Konfetti über die Insel verteilt wurden, sind mittlerweile immerhin bei 330 angelangt. Genug also, um Neuankömmlinge (und auch Saisonarbeiter) zu verwirren.

Damit das nicht allzu schnell passiert, sind die Wippen, in denen das Gepäck der Urlauber nach der Überfahrt am Anleger gelagert wird, meist nummeriert. Oftmals holen die Eigentümer der Unterkunft ihre Gäste auch ab. Vielleicht wäre das bei den beiden Schwaben auch so gewesen – wären sie nicht gleich mit ihren Fahrrädern durch die Salzwiesen losgedüst.

Lassen Sie sich lieber Zeit und schauen Sie in aller Ruhe nach, ob Ihr Vermieter auf Sie wartet. Auch wenn Sie wie Sonja und Max kein Gepäck abgegeben haben, finden Sie auf dem Wippenparkplatz am Anleger bestimmt eine Karre, die Ihrem Vermieter gehört. Meistens sind die Wippen sogar mit dem Namen des Eigentümers gekennzeichnet. Und nehmen Sie am besten einen Zettel mit, auf dem der Hausname, der Vermietername und die Hausnummer stehen, und bitten Sie notfalls einfach an der Touristinfo um Auskunft. Auch wenn Sie glauben, einen wirklich guten Orientierungssinn zu haben – der hilft Ihnen auf Baltrum wenig. Die Nummern verlaufen so wild durcheinander, dass sie sich in ihrer Gesamtheit eigentlich nur der Postbote und die Feuerwehr merken können.

32 NICHT ALLES AUF EINE KARTE SETZEN

PAYPAL? *HÖÖR UP!*

Als Regen auf die Plane über ihren Köpfen nieselt, steigt Sonja der Geruch nach Pferd und Leder in die Nase. Gemächlich hallt das Klappern der Hufe von den Pflastersteinen wider, während Max und sie dicht aneinandergedrängt mit ihren Rucksäcken auf der Rückbank der Kutsche sitzen. Passanten, an denen sie vorbeiziehen, winken ihnen freudestrahlend zu.

»Normalerweise machen wir nur Fahrten für frisch Getraute. Die Leute denken, dass Sie gerade geheiratet haben. Aber was noch nicht ist, kann ja noch werden.« Der Kutscher vor ihnen zwinkert ihnen über seine Schulter zu. »Lächeln und winken!«

Sonja, die gerade eben über den Rand ihres Gepäckstücks schauen kann, raunt Max zu: »Also wenn's so weit ist, sehe ich hoffentlich ein bisschen besser aus.« Max kichert. Sonjas braune Locken liegen klatschnass am Kopf an. Ihr Mascara, den sie heute Morgen vor der Fahrt sorgsam aufgetragen hat, liegt wie ein Halbmond um ihre blauen Augen, die aus dem geröteten Gesicht noch mehr als sonst hervorstechen.

»Nicht zu doll lachen, Freundchen.« Sonja versetzt ihrem Freund einen leichten Stoß zwischen die Rippen, schmunzelt aber selbst. Wie nett, dass der Kutscher sie zu ihrer Unterkunft bringt. Eigentlich haben sie nur nach dem Weg fragen wollen, da hat er sich ihrer mitleiderregenden Gesichter schon erbarmt. Auf den Regen waren sie nach der sonnigen Überfahrt nicht vorbereitet, die Jacken liegen sorgsam verstaut unten im Gepäck.

»Was hältst du davon, wenn wir erst einmal einen Tee trinken und uns vernünftig aufwärmen?« Max reibt sich fröstelnd die Hände und nickt mit seinem Kopf in Richtung eines Cafés. Als Sonja nickt, gibt Max dem Kutscher mit einem Zeichen zu verstehen, dass sie gern aussteigen möchten. Nachdem der Mann ihr Geld mit einer Handbewegung ausschlägt, gibt er ihnen noch eine Karte von Baltrum mit und empfiehlt ihnen ein Café, das in Richtung ihrer Wohnung liegt. Dann fährt er so geruhsam davon, wie er sie vorher aufgelesen hat.

Die Stube, die sie betreten, scheint die Gelassenheit ihrer Besitzer aufgesogen zu haben. Weiße Gardinen aus Spitze umrahmen die kleinen Fenster, Holzmöbel verleihen dem Raum einen urigen Charme. Wildblumen stehen in kleinen Vasen aus Porzellan auf Häkeldeckchen. Nach wenigen Minuten platziert die Kellnerin vor Sonja und Max die weiße Kanne Tee mit dem bekannten Rosenmuster, zusammen mit einem Milchkännchen, dem *Kluntjepott* und zwei Waffeln mit heißen Kirschen.

Sonja nimmt einen Schluck Tee. »Mmh, darauf kann ich immer weniger verzichten.«

Max stimmt ihr zu. »Ich habe auf der Alb die Packung ausprobiert, die du mir mitgegeben hast. Das hat überhaupt nicht geschmeckt.« Max verzieht das Gesicht. »Die Kalkplättchen, die sich bei dem harten Wasser gebildet haben, hätte ich mit der Gartenschaufel rausholen können. Der Tee schmeckt echt nur mit dem ostfriesischen Wasser so gut.« Sonja kichert.

»Was?« Max runzelt die Stirn.

»Hört, hört. Ein waschechter Ostfriese.« Sonja grinst ihren Freund an, der etwas wie ein »Hmpf« von sich gibt.

Nachdem sie fertig gegessen haben, bitten sie zufrieden um die Rechnung. Als Max der Bedienung seine Karte reicht, schüttelt diese nur den Kopf. »Karte nehmen wir nich.«

Wat'n Mallöör

Was hier falschgelaufen ist, liegt auf der Hand – oder eben nicht. Damit rechnen, überall bargeldlos zahlen zu können, darf man in Ostfriesland nicht. Zwar gibt es in der Region auch moderne Cafés und Restaurants, spätestens aber in Dorfkneipen wird erwartet, dass der Gast Geld dabeihat. In der Gastronomie sind die Arbeitnehmer daran gewöhnt, dass der Urlauber kein Bares bei sich hat, und verweisen oft freundlich auf den nächstgelegenen Automaten. Abhängig davon, wo der Gast speist, ist dieser nur manchmal nicht ganz so nah, wie es der Tourist gern hätte. So gibt es nicht in jedem Dorf der Region einen Automaten. Haben Sie also lieber etwas Bargeld parat. Dann ist das leckere Krabbenbrötchen oder das Eis auf die Hand auch schnell bezahlt.

33 WO MAN SICH WÜNSCHT, EINEN KORB ZU BEKOMMEN

DIE ULTIMATIVE VEREINBARKEIT VON SONNENMILCH UND ZEITUNG

Mit ihren auf den Ablagen der Strandkörbe ausgestreckten Armen und Beinen wirken die Sonnenanbeter wie Schildkröten, deren Extremitäten aus dem Panzer ragen. Genauso selten und langsam wie die Amphibien bewegen sich die Urlauber mit ihren Körben, sobald der Wind dreht oder der Bedarf an Sonne gedeckt ist. Die halbrund gewölbte, überdachte Sitznische aus weißem Korbgeflecht schützt den Gast vor Wind, Sonne, Regen und Sandflug.

KLOOKSCHIETER: DER STRANDKORB

Bis in die 1920er noch ein Privileg der Wohlhabenden, wurde der Schattenspender von Strandgängern zunächst in zugeknöpfter Kleidung genutzt, um die unschickliche Bräune zu vermeiden, die vor allem Menschen niederer Klassen kennzeichnete. Distinguiert betrachtet, könnte der Strandgänger in dem Sitzmobiliar noch heute die Vollendung der Vereinbarkeit von Sonnencreme und Zeitunglesen sehen oder die Möglichkeit, aus dem Inneren einen begrenzten Blick nach außen zu werfen. Anders betrachtet, ist in dem Strandkorb die Abgrenzungsmentalität des Deutschen zu erkennen, der Wunsch, seinem Nachbarn den Blick in sein Privates zu verwehren. Pragmatisch gesehen ist der Strandkorb aber vor allem eines: bequem. Wer Platz nimmt, übt sich also in der Paradedisziplin der Ostfriesen – dem Genießen. Der Strandkorb ist ein Muss für den Urlaub auf den Ostfriesischen Inseln.

»Genau so habe ich mir das vorgestellt, Max.« Sonja schirmt ihr Gesicht mit der Hand gegen die Sonne ab und begutachtet begeistert die Körbe. »Endlich mal keinen Bandscheibenvorfall vom hart gelegenen Sand bekommen, keine tausend Körner aus allen Winkeln waschen müssen und das Meer ohne steifen Nacken anschauen können. Was ist da schon Italien!« Mit auf und ab wippendem Zopf marschiert sie im blau-weiß gestreiften Badeanzug zum Strandkorbverleih.

»*Moin*. Einen Strandkorb in Meernähe, bitte.« Sie lächelt den Mann am Tresen an.

Der Mann setzt seine Brille auf. »*Moin*. Auf welchen Namen?«

»Häberle, bitte.« Sonja wippt auf den Fußspitzen auf und ab.

»Moment, ich schaue mal nach.« Der Mann schaut auf den Bildschirm, der zwischen ihnen steht. Er scrollt mit der Maus, die dabei ein klackerndes Geräusch von sich gibt, auf und wieder ab. Und auf und ab. Und noch einmal. »Kann ich nich finden, junge Dame. Sind Sie sicher, dass Sie auf diesen Namen reserviert haben?« Er setzt die Brille ab und schaut sie wieder an.

Sonja hört auf zu wippen. Ihr Lächeln verrutscht. »Reserviert? Da haben Sie mich falsch verstanden. Ich wollte gern jetzt für den heutigen Tag buchen.«

»Heute?« Der Mann lacht und kratzt sich am Kopf. »Dat tut mir leid. Die sind doch schon seit Wochen aus, allesamt ausnahmslos belegt.«

Mit hängenden Schultern kehrt Sonja zu Max zurück.

Wat'n Mallöör

Wer zu spät kommt, den bestraft das Leben. Der Spruch macht zwar nichts besser, stimmt in den meisten Fällen aber leider, was ihn nicht sinnvoller macht. Urlaubern, die mindestens fünf Tage bleiben, empfiehlt die Touristeninformation Baltrum, bis spätestens einen Monat vor Urlaubsantritt einen Strandkorb zu buchen. Doch auch bei einem kürzeren Aufenthalt kann es wie bei Sonja und Max mit dem Mieten knapp werden. Gerade bei gutem Wetter sind die Sitzgelegenheiten schnell vergriffen. Auch eine spontane Verlängerung der Mietzeit ist oft nicht möglich – die Strandkörbe sind einfach zu beliebt. Die Vorbestellung lohnt sich aber nicht nur, um sich den Korb zu sichern – es gibt meist einen Rabatt von bis zu 25 Prozent. Auch Sonderwünsche wie Wasser- oder Dünenseite und erste Reihe können dann berücksichtigt werden. Zumindest wenn sich die Lage der Körbe nicht sturmbedingt ändert. Dann säßen Sie aber vermutlich sowieso nicht gern an der eigentlich gebuchten Stelle – es sei denn, Sie finden Gefallen an einem ordentlichen Sandpeeling.

34 IN DEN SAND GESETZT

VOM RECHTEN WEG ABGEKOMMEN

»*Zefix!* Nee, also das ist mir zu windig, Max.« Sonja jammert, als ihr der rote Zipfel von ihrem Handtuch erneut gegen den Kopf schlägt. »Und Sand habe ich nun auch zur Genüge in sämtlichen Ritzen meines Körpers.« Grimmig blickt sie ihn hinter dem Handtuch hervor an. Zumindest mit dem Teil, der nicht von dem roten Tuch bedeckt ist.

Max lacht. »Na gut, komm, da hinten scheint es mir ein bisschen windgeschützter zu sein.« Als er aufsteht, klopft er sich den Sand von der Badehose, nimmt die Strandtasche in die eine Hand und streckt die andere nach Sonja aus, um ihr aufzuhelfen. Hand in Hand laufen sie barfuß durch den weißen Sand bis zu einem Abschnitt, der mit Holzbrettern durchpflügt ist und das Gehen einfacher macht. Über ihnen erstreckt sich der blaue Himmel, nur am Horizont sind ein paar Schleierwolken zu sehen. Max zeigt auf eine Stelle, die etwas höher liegt und durch Strandhafer vom Wind abgeschirmt wird. Inmitten der Halme machen sie es sich gemütlich. Sonja seufzt glücklich und schließt an Max' Schulter gelehnt die Augen. So lässt es sich leben. Nach dem Anreisetrubel genau das Richtige, nur das Meeresrauschen und das Lachen der Möwen über ihren Köpfen. Die Nachmittagssonne streicht über ihre Haut. Die salzige Luft in der Nase, nickt sie wohlig ein.

Sie weiß nicht, wie lange sie so dagelegen haben, als sie plötzlich Gänsehaut bekommt. Ob es schon so spät ist, dass die Sonne weg ist? Gähnend öffnet sie die Augen und erkennt blinzelnd den Grund, warum ihr kalt geworden ist: Ein Mann in Uniform steht vor ihnen – und sieht nicht glücklich aus.

»Was denken Sie eigentlich, was Sie da machen?« Wütend schaut er sie an.

»Urlaub?«, gibt Sonja kleinlaut zurück. Offenbar war das nicht die richtige Antwort, denn der Mann vor ihr schaut sie nur abschätzig an und zückt Block und Stift. Klick. Das sieht nicht gut aus. Gar nicht gut.

Wat'n Mallöör

So ein lauschiges Plätzchen inmitten der Dünen ist schon verlockend – von Halmen umgeben, windgeschützt und allein. Gerade wenn man wie Sonja und Max keinen schönen Strandkorb mehr bekommen hat, scheinen die Dünen eine solide Alternative zu sein. Sind sie aber nicht. Jedenfalls nicht, wenn man nicht vorhat, Insulaner ernsthaft gegen sich aufzubringen. Denn die Dünen sind nicht nur bloße Sandhaufen, die irgendein besonders großer Ostfriese zur Dekoration dort hingebaut hat, sie dienen der Insel zum Schutz. Der Strandhafer und die anderen Gräser sind Teil davon, sie halten die Sandanlagerungen zusammen und schützen das Eiland so vor Sturmfluten.

Wer nur im Sommer vor Ort ist, mag sich die meterhohen Wellen nicht vorstellen können, die sich im Winter gegen die Dünen werfen. Das ändert nichts daran, dass die Insel von dem Schutz abhängt. Das Verlassen der markierten Pfade kann dazu führen, dass die Düne und der fragile Schutz zerstört werden. Die Verbotsschilder, die das Paar so wunderbar übersehen hat, sind also keine mutwillige Einschränkung, sie haben einen Sinn. Naturschützer versuchen zwar nach den Aktionen unvorsichtiger Touristen, die kaputtgelegenen Stellen wieder mit Reisig auszubessern, allerdings wäre es besser, diese Arbeit gar nicht erst notwendig zu machen.

Zumal die Dünen nicht nur den Menschen Schutz bieten. Sie sind Lebensraum für Millionen von Zugvögeln, die das Wattenmeer als Rückzugsort nutzen, um dort zu brüten. Die Sandlandschaft verwandelt sich also schnell in eine Kinderstube. Da ist es nachvollziehbar, dass Bußgelder gegen jene verhängt werden, die das Verbot missachten – auch wenn es unwissentlich geschieht. Damit einhergehend herrscht außerdem größtenteils Anleinpflicht für Hunde. Die gilt übrigens nicht nur für die Inseln, sondern für viele Teile Osfrieslands. Bevor Sie Ihren Vierbeiner also von der Leine lassen, schauen Sie vorher noch einmal nach, ob in Ihrem Urlaubsgebiet gerade Vögel brüten.

Informieren Sie sich darüber, wo Sie sich in Ihrem Urlaub in der Natur bewegen dürfen. Die Tourismus-Information gibt auf allen Ostfriesischen Inseln Karten heraus, auf denen alle Pfade markiert sind, die Sie nutzen dürfen. Beinahe überall schlängeln sich die kleinen Wege durch die Landschaft Baltrums, auch durch die Dünen. Das Verlassen der Wege ist also schlichtweg überflüssig. Plätze zum Ausruhen am Strand gibt es auch genug. Sollte kein Korb frei sein, haben Sie immer noch den Luxus, mit feinsandigem Strand vorliebnehmen zu dürfen.

Bei einem ausgiebigen Spaziergang auf den Wegen ist man schnell für sich und kann die Ruhe genießen, sollte man keine Lust darauf haben, sich zu den anderen Sardinen in die Sonne zu gesellen. Wer Glück hat, kann dabei auch Kaninchen oder Fasane entdecken.

Und wer es einfach nicht aushalten kann und schon immer einmal auf einer echten Düne stehen wollte, kann dies auf den zwei Aussichtsdünen auf Baltrum nachholen – und das guten Gewissens. An diesen beiden Orten ist das Betreten der Düne erlaubt. Von dort aus können Sie die Tiere im Dünengebiet mit einem mitgebrachten Fernglas hervorragend aus der Entfernung beobachten, ohne ihnen zu schaden. Das Wegegebot gilt natürlich auch für alle anderen Ostfriesischen Inseln. Auch dort dient die Düne dem Schutz.

35 DIE MASKIERTE MÖWE

DER RÄUBER DER LÜFTE

Möwenrufe, die Rufe des Meeres – dass Sonja nicht lacht. Vorsichtig lässt sie das kalte Wasser über den Riss in der Haut zwischen Daumen und Zeigefinger laufen. Neben ihr schaut Max gerade aus einem Auge vom Waschbecken auf. Sie kann nicht anders, sie hält sich die Hand vor den Mund und prustet los.

KLOOKSCHIETER: LARUS RIDIBUNDUS

Was wie ein Zauberspruch aus der Feder J. K. Rowlings klingt, ist eigentlich nur der lateinische Begriff für das Symboltier der Insel Baltrum: die Lachmöwe. Obwohl der wissenschaftliche Name Larus ridibundus »lachende Möwe« bedeutet, leitet sich der deutsche Name vermutlich eher von »Lache« ab, also einer Pfütze oder einer flachen Wasserstelle. Denn die kleinste unserer Möwenarten – die Lachmöwe ist etwa taubengroß – kommt auch im Binnenland vor, wo sie vor allem flache Seen besiedelt. Die mit Abstand größte Lachmöwenkolonie Deutschlands lebt auf der Insel Baltrum. Bis zu 14.000 Paare brüten hier ihren Nachwuchs aus. Auffällig ist ihr sogenanntes Prachtkleid: Von März bis August überzieht dunkles Gefieder wie eine schokoladenbraune Gesichtsmaske ihren Kopf. Im Winter ist davon nur noch ein kleiner dunkler Ohrfleck zu sehen, der die Larus ridibundus von den anderen Möwen unterscheidet. Sie trägt dann ihr »Schlichtkleid«.

Im Nachhinein findet sie ja, dass die Möwe schon kriminell aussah, als sie noch nichts weiter tat, als im Stakkato »Ke-ke-ke« abzufeuern. Sie meint sogar, dass das Geräusch sie an eine Pistole erinnerte, die Schusssalven abgibt. Peng. Peng. Peng. Und dann noch das schwarze Gefieder am Kopf – als hätte sie sich für den Hinterhalt eine Sturmhaube übergezogen, für den Raub, den sie, wie Sonja sich jetzt sicher ist, von langer Hand geplant hat.

Gefrustet von dem Bußgeld, das sie aufgrund ihrer Dünenaktion haben zahlen müssen, marschierten Sonja und Max zum Eisstand. Sie hatten das Strafgeld sogar nachvollziehen können, wirklich. Deshalb haben sie sich nach der Erklärung des Mannes auch sofort pflichtbewusst entschuldigt und die Summe ohne Murren gezahlt. Nicht dass man mit der EC-Karte hätte zahlen können. Doch sie haben dazugelernt und Bargeld dabeigehabt.

Jedenfalls wollten sie sich von dem Reinfall mit einem Eis erholen, durch die Salzwiesen spazieren und die Natur genießen. Und als dann ein paar Möwen kamen und ihre Bahnen am Himmel zogen, hatte sie sich noch gefreut. Sie hatte sich für ihre Aktion in den Dünen entschuldigen und den bis dato noch putzigen und kichernden Tierchen sogar ein paar Stückchen ihrer Waffel abgeben wollen.

Doch gerade als sie ein paar Krümel abbrach, hatte der Täter sie, die naive Touristin, längst ins Visier genommen. Die maskierte Möwe schoss wie ein Pfeil auf ihre Eiswaffel zu, pflückte ihr ein paar Krumen aus der Hand und flog mit einem gackernden »Ke-ke-ke« davon, während der Rest des Eises zu Sonjas Füßen landete.

Mit offenem Mund hatte Sonja beobachtet, wie einer der Komplizen das i-Tüpfelchen setzte und einen Schuss abfeuerte, der exakt kalkuliert zwischen Max' Sonnenbrille und seinen Augen landete.

Sonja tut so, als rekonstruiere sie den Tathergang und den Einfallswinkel des Schusses. Von oben schiebt sie ihren Zeigefinger hinter Max' Brille. »Und dann: Peng.« Sie kichert.

»So lustig ist das jetzt auch nicht.« Max wirft ihr einen düsteren Blick zu. Zumindest mit seinem unbefleckten Auge. Er beugt sich wieder zum Waschbecken hinab, um das Auge noch einmal auszuwaschen und von dem ätzenden Möwenkot zu befreien. Dann wischt er sich mit dem Handtuch übers Gesicht, wobei er das eine Auge noch immer zukneift. Wie er da so steht, sieht er wie ein Pirat aus. »Hoffentlich kackt dir auch mal eine Möwe ins Auge«, sagt er jetzt und wirft das Handtuch nach Sonja. Doch das Zucken seines Mundwinkels verrät ihn.

Wat'n Mallöör

Max' Sonnenbrille bietet offenbar nur vor der Sonne Schutz und nicht vor Möwenangriffen. Zu seiner Verteidigung lässt sich sagen, dass die wenigsten vermuten würden, dass eine Möwe ihr Geschäft in dem kleinen Spalt zwischen Gesicht und Brille verrichtet. Tatsächlich aber ist das Malheur Folge eines anderen Fettnäpfchens gewesen, dem Füttern der Möwen. Tun Sie sich selbst und den Tieren einen Gefallen und lassen Sie es sein.

Zunächst einmal machen Sie sich damit selbst zur Zielscheibe der Tiere, die einen durchaus scharfkantigen Schnabel besitzen. Doch nicht nur Sie selbst leiden unter den Folgen, die Tiere verlieren ihre natürliche Angst vor Menschen und kommen auch anderen zu nahe. Sie werden frech und hartnäckig, weil sie es so gelernt haben – von Ihnen. Gerade auf den Fähren sieht man immer wieder Gäste, die die Tiere füttern, obwohl diese ohnehin schon eine Leidenschaft für Pommes oder Eis zu hegen scheinen. Die Hemmschwelle, einem Kind die Eistüte vor der Nase wegzuschnappen, senkt das gewiss nicht.

Der enge Kontakt zu den Vögeln kann übrigens auch die Übertragung von Krankheiten bedeuten. Was jetzt nicht heißt, dass Sie nach einer unfreiwilligen Begegnung ins nächste Krankenhaus stürmen sollten. Sich ausgiebig die Hände zu waschen reicht in dem Fall auch.

Außerdem: Was gut gemeint ist, ist nicht gleich gut für die Vögel. Zwar sind diese ausgesprochene Nahrungsopportunisten, deren Speiseplan von Regenwürmern über Mäuse bis zu kleinen Fischen reicht, allerdings tun ihnen Pommes und Eis nicht unbedingt gut. Der natürliche Speiseplan ist ausreichend gefüllt. Wenn Sie ihnen das Füllhorn an Leckereien anbieten, geben sie sich nur schwer mit anderem Futter zufrieden. Sie verlernen darüber hinaus, in ihrer gewohnten Umgebung zu leben und dort Nahrung zu suchen.

Nebenbei bemerkt werden auch immer wieder Stimmen über eine angebliche Lärmbelästigung durch die Tiere laut (das ist kein Witz). Urlauber beschweren sich, sie könnten sich nicht ausreichend ausruhen. Hierzu lässt sich nur eines konstatieren: Wenn Sie das Rufen der Möwen stört, stören Sie auch das Rauschen der Wellen, die Brise im Gesicht und der Sand unter den Füßen und das Leben im Allgemeinen. In dem Fall sollten Sie wohl einfach nicht ans Meer fahren.

36 NICHT ALLES, WAS HEULT, IST EIN HEULER

WO DER MUTTERINSTINKT TRÜGT

Ein herzzerreißender Laut zerschneidet die Luft. Hinter den Dünen, irgendwo in Richtung Meer, wird ein Heulen laut. Sonja und Max bleiben stehen und lauschen. Vorsichtig gehen sie auf dem Pfad weiter in Richtung des Geräuschs. Vielleicht ein Kind, das hingefallen ist, denkt Sonja. Nur klingen die Töne dafür irgendwie zu verzweifelt, die Rufe zu wehklagend. Als sie auf einer Anhöhe zwischen den Dünen stehen, können sie über die Gräser hinweg über den Strand blicken. Das Wasser hat sich zurückgezogen, der nasse Strand funkelt in der Nachmittagssonne. Doch ganz weit hinten, in Richtung Horizont, sehen sie die Quelle der Klagelaute. Mutterseelenallein liegt ein kleiner Seehund auf einer der Sandbänke.

»Oh nein, Max. Er hat seine Mutter verloren. Oder hat er sich auch noch verletzt?« Sonja runzelt die Stirn und schaut sich um. Doch von der Mutter keine Spur, das Jungtier ist allein. Behutsam gehen sie auf den Seehund zu. Doch je weiter sie vordringen, desto lauter schreit das Tier. Als sie nahe genug sind, begutachten sie den Seehund. Das junge Tier am Boden schnaubt.

»Ist der aber süß. Sieh nur, die großen Augen. Och Gottchen!« Sonja verzieht ihren Mund zu einer Schnute. »Nur der Nacken sieht ein bisschen aus wie der eines adipösen, glatzköpfigen Mannes.« Sie kichert.

»Verletzt sieht er nicht aus«, murmelt Max, nachdem er das Tier gemustert hat, das sich von ihnen fortbewegen will. Schwerfällig robbt es mithilfe seiner Flossen von ihnen weg. »Bewegen kann er sich auch noch. Ich glaube, der Kleine ist topfit. Komm, wir machen noch schnell ein Selfie.«

Max kramt sein Smartphone aus der Tasche und hält es in die Höhe. Gerade in dem Moment, als er abdrücken möchte und beide in die Kamera grinsen, hören sie ein Räuspern. Sie zucken zusammen. Neben ihnen steht der Mann, der sie schon bei den Dünen überrascht hat. Wieder schüttelt er den Kopf. Nur, dass er diesmal ohne seine Uniform unterwegs ist.

»Sie beide. Mitkommen. Jetzt.« Obwohl seine Stimme leise ist, setzen sie sich sofort in Bewegung und folgen ihm. Als sie wieder bei den Dünen angekommen sind, bleibt er stehen. »Sie kommen nicht von hier, ganz offensichtlich, weshalb ich Ihnen ein weiteres Bußgeld erspare. Trotzdem hätten Sie sich darüber informieren müssen. Seehunde sind nicht zum Streicheln da. Ich hoffe für Sie, dass sie nicht zu nah dran waren und das Tier zu Tode gestresst haben.« Anschließend murmelt er irgendetwas, das verdächtig nach »Idioten« klingt.

Wat'n Mallöör

Leider ist die geschilderte Szene keine Seltenheit, wie es eigentlich sein sollte. Touristen nähern sich den Tieren immer wieder bis auf wenige Meter, überrascht, die schönen Meerestiere zu sehen – wobei sie sich genau genommen eigentlich im Schlafzimmer der Tiere aufhalten. Und obwohl die meisten Leute in guter Absicht handeln und in Sorge sind, den Tieren könnte etwas fehlen, könnten sie sich falscher nicht verhalten. Denn die Nähe zum Menschen bedeutet in erster Linie massiven Stress für die Seehunde. Dieser wiederum zehrt an ihren Kräften, die gerade bei Jungtieren dringend benötigt werden, um Nahrung von der Mutter aufzunehmen. In ihrer Panik versuchen sie, von den Menschen fortzurobben, und schürfen sich die sensible Haut am Bauch ab, was zu einer Bauchfellentzündung führen und unter Umständen ihren Tod bedeuten kann.

Deshalb halten Sie bitte Abstand, am besten 300 Meter, und nähern Sie sich den Tieren in keinem Fall. Selbst wenn Sie sich sicher sind, dass das Tier Hilfe benötigt, sollten nicht Sie diejenigen sein, die hingehen und sicherstellen, dass es ihm gut geht. Zumal die Tiere zwar ganz süß aussehen, aber auch beißen können. Für solche Fälle gibt es eine Seehundaufzuchtstation in Norden, die ausgebildete Helfer parat hat und telefonisch erreichbar ist.

Das Tier, das Sonja und Max gefunden haben, ist mit ziemlicher Sicherheit nicht schutzbedürftig gewesen. Denn im Zeitraum von September bis Mai kann es sich nur um Jungtiere handeln, die generell keinen Schutz mehr durch die Mutter erfahren und weitestgehend selbstständig sind. Seehunde werden im Juni geboren und sind dann auf den besonderen Schutz durch die Mutter angewiesen. Doch selbst wenn Sie in dieser Zeit ein vermeintlich verlassenes Jungtier sehen: Halten Sie Abstand! Oftmals kehren die Mütter zurück, die meist vor den Menschen, also vor Ihnen, geflüchtet sind. Nur wenn Sie ausreichend Abstand halten, geben Sie dem Kleinen die Chance, dass seine Mutter zurückkehrt. Anderenfalls endet das Tier verwaist und ist dann ein Heuler – so nennt man junge Seehunde, die den Kontakt zur Mutter dauerhaft verloren haben. Sollten Sie aber überzeugt sein, einen solchen Heuler vorzufinden, rufen Sie im Zweifel bei der Seehundstation unter der Telefonnummer 04931-8919 an und verlassen Sie den Fundort aus oben geschilderten Gründen sofort. Im Zeitraum September bis Mai melden Sie das Tier nur, wenn es offensichtliche Verletzungen trägt. Und nein, auch nicht für ein Selfie gehen Sie in die Nähe der Tiere.

Nichtsdestotrotz sind Seehunde wirklich drollig, Sonjas und Max' Aufregung ist also nachvollziehbar. Das sind die Tiere aber auch, wenn man sie durch ein Fernglas beobachtet. Letzteres mit auf eine Ostfriesische Insel zu nehmen lohnt sich also wirklich. So können Sie guten Gewissens die Tierwelt beobachten, ohne zu stören.

KLOOKSCHIETER: SEEHUNDSTATION NATIONALPARK-HAUS

Wem die Tiere durch das Fernglas zu weit weg sind, hat an Land die Gelegenheit, sie aus nächster Nähe zu beobachten und ihnen damit auch noch etwas Gutes zu tun. Mit einem Besuch in der Seehundstation Nationalpark-Haus haben Sie die Möglichkeit, Heuler und verletzte Tiere beim Plantschen und Schnauben zu beobachten und damit auch noch ihre Genesung zu unterstützen. Denn ein Großteil des Erlöses aus Ihrem Eintritt landet direkt bei den Tieren. Damit diese den bestmöglichen Schutz erhalten, gibt es seit 1971 die Seehundaufzucht- und Forschungsstation in Norden-Norddeich. Finanziert wird die Station ausschließlich aus Eintrittsgeldern und Spenden, und sie wird durch viele ehrenamtliche Mitarbeiter unterstützt. Hier werden Heuler, die ihre Mutter verloren haben, großgezogen, aber auch kranke Tiere wieder aufgepäppelt. Den Namen Heuler tragen die jungen Seehunde übrigens nicht umsonst, ihr Rufen nach der verlorenen Mutter ähnelt wirklich stark dem Geschrei eines Babys. Wer das nicht glaubt, kann während des kleinen Rundgangs in der Seehundstation eine Aufnahme solcher Rufe anhören.

Jährlich werden in der Aufzuchtstation zwischen 80 und 150 Seehunde und Kegelrobben aufgezogen. Mit einem Kampfgewicht von 25 Kilogramm dürfen die Seehunde die Station, sofern sie denn gesund sind, wieder verlassen und werden im Spätsommer im Osten

Baltrums ausgewildert. Zu jeder Jahreszeit sind Tiere vor Ort und können durch große Fenster beispielsweise während der Fütterung oder einfach nur beim Faulenzen in der Sonne beobachtet werden. Vielleicht haben sie die norddeutsche Gelassenheit erfunden. Jedenfalls könnte der Beobachter das meinen, wenn ein Seehund sich in einer Stunde nur einmal kurz auf die andere Seite wälzt und angestrengt in die Sonne blinzelt.

37 WATT DOOF

WENN DAS WASSER PLÖTZLICH BIS ZUM HALS STEHT

Ihr letzter gemeinsamer Abend ist angebrochen. Wie eine überreife Orange hängt die Sonne am Himmel, und die Möwen, die sich am Horizont wie ein schwarzes M abzeichnen, ziehen in der Luft träge ihre Kreise. Wenn Sonja es nicht besser wüsste, würde sie ihre Rufe als friedlich bezeichnen. Glücklich lehnt sie sich an Max' Schulter. Der fangfrische Fisch vorhin war wirklich köstlich. Der Koch, den die Kellnerin Smutje nannte, hatte ihnen nicht zu viel versprochen. Sonja glaubte sogar, noch einen Unterschied zu den Fischrestaurants an Land herausschmecken zu können.

»Komm, wir gehen noch einmal ein Stück raus«, sagt Max jetzt und zeigt zum Horizont. »Und genießen die Insel, bevor bald wieder Alltag ist.«

»Na, du bist hier aber wirklich zum Spaziergänger mutiert. Aber nicht zu weit, Max. Nicht dass das Wasser auf einmal wieder da ist.«

»Das Gute an Ostfriesland ist ja, dass du schon hundert Kilometer im Voraus siehst, was auf dich zukommt, hier kann einen nichts überraschen.« Er kichert und legt seinen Arm um sie. »Dass es in Ostfriesland überhaupt Einbrecher gibt. Eigentlich sieht man die ja schon Jahre, bevor sie das Haus erreichen. Wahrscheinlich brauchen die Ostfriesen nur zu lange, um etwas zu bemerken.«

Sonja lacht. »Oh Mann, Max. Ich glaube, du unterschätzt die Ostfriesen. Wenn ich da an Frau de Boer denke … Die ist flinker, als sie einem weismachen möchte.« Sie schnaubt. »Aber ja, du hast recht. Und wenn wir schon einmal da sind und das Wetter so toll ist. Aber lass uns lieber die Schuhe ausziehen. Der Schlick riecht so schon faulig, und unsere Socken können wir später wieder waschen.«

Nachdem sie die sandigen Schuhe im Rucksack verstaut haben, gehen sie los. Anfangs ist der Grund noch fester, geht aber phasenweise immer wieder in schlammigere Zonen über. Wellenförmig verlaufende und noch feuchte Rillen im Sand deuten darauf hin, dass hier vor noch nicht allzu langer Zeit Wasser gewesen ist.

Sonja fühlt sich wie ein kleines Kind. Das Laufen mit den weißen Socken durch den Schlick fühlt sich verboten an. Der Boden, in dem sie ihre schwammigen Fußabdrücke hinterlassen, erinnert sie an zu fest gewordenen Pudding. Nur dass er durchweg von feinen Poren überzogen ist. Sonja beugt sich hinunter, um die Einstiche genauer sehen zu können. Überall sind die feinen Löcher zu sehen, wie nach einer schlammigen Gesichtsmaske, die auf der Haut eingetrocknet ist und die Poren der Hautschicht offenbart. Kleine orangerote Pflanzen ragen hier und da aus dem Sand. Krabben und Fische tummeln sich in dem wenigen Wasser, das noch da ist, sogar Austern findet Max unterwegs.

»Wahnsinn, dass wir gerade über den Meeresgrund laufen, oder? Ich kann mir gar nicht vorstellen, dass genau hier sich sonst die Fluten überschlagen.« Max staunt, als er Strandgut in der Ferne erkennt. Auch er erinnert sie an ein kleines Kind, wie er da so im Matsch herumspringt.

Sie schaut sich um, als ihr Blick am Boden hängenbleibt. »Ja, stimmt. Aber Max, ich glaube, wir müssen umkehren. Die Rillen um uns herum waren doch vor ein paar Minuten noch trocken, oder irre ich mich?«

Max wird blass. »Ich glaube, du hast recht. Und schau mal da zur Seite.«

Die Nordsee ist dabei, sich ihren Grund zurückzuholen. Sonjas Augen werden groß. »Aber wo kommt denn das so schnell her? Scheiße, Max, das schaffen wir niemals rechtzeitig zurück. Hast du dein Handy dabei?«

Mit zitternden Händen fischt er das Handy aus seiner Hosentasche. »Ja, verdammt. Aber natürlich habe ich hier kein Netz. Komm, lass uns so schnell wie möglich versuchen, an Land zu kommen. Immerhin gibt es stellenweise Sandbänke. Wenn wir uns jetzt beeilen, schaffen wir das locker.« Doch so sicher, wie seine Worte wirken sollen, klingen sie nicht.

Er nimmt Sonja ihren Rucksack ab und trägt ihn vorne am Bauch. Schweigend waten sie los. Das Wasser zwischen den Sandbänken benetzt bald ihre Kniekehlen, ihre Schritte laufen gegen Widerstand und werden immer langsamer. Der Weg durchs Wasser kostet sie Kraft, die Füße werden schwer. Obwohl die Dünen nah zu sein scheinen, müssen sie weiter hinausgelaufen sein als gedacht. Gefühlt werden sie zurück in Richtung Meer gezogen, nicht zum Strand. Die einst orangefarbene Sonne ist längst glutrot und neigt sich dem Horizont zu.

»Max, was passiert, wenn es dunkel wird? Ich habe nicht das Gefühl, dass wir dem Land näherkommen, eher entfernen wir uns«, keucht Sonja zwischen ein paar Atemzügen. Ein paar Strähnen haben sich aus ihrem Zopf gelöst und kleben ihr im bleichen Gesicht. Max schweigt.

Das Wasser kommt jetzt nicht mehr nur noch von hinten, es kommt von allen Seiten. Überall holt sich das Meer das Land zurück. Langsam greift die Strömung im Wasser, das Sonja inzwischen bis zur Hüfte reicht, und zieht sie überall hin, nur nicht zur Küste. Die Rucksäcke haben sie bis auf ihre Ausweise längst auf einer Sandbank hinter sich gelassen.

Von oben sieht das Watt wie ein riesiges Taschentuch aus, das langsam Feuchtigkeit aufsaugt, bis es vollständig durchnässt ist. Nur noch wenige Flecken sind trocken. »Max«, sagt sie jetzt noch einmal mit Nachdruck, damit ihr Freund sich umdreht, der verzweifelt versucht, auf die Küste zuzusteuern. Die Kälte, die anfangs nur ihre Socken durchdrungen hat, kriecht in ihren gesamten Körper, die Klamotten kleben ihr schwer am Leib, ihre Lippen sind blau. Der Himmel über ihnen scheint näher zu kommen, er vermischt sich mit den Grautönen des Wassers. »Max, ich habe Angst.« Stumm fleht sie ihren Freund an, ihr Mut zu machen, doch Max schaut sie nur an. In seinen Augen steht die blanke Panik.

KLOOKSCHIETER: ACHTUNG, PRIELE!

Priele werden kleine, zur Landseite hin verästelte Wasserläufe im Watt genannt, die auch bei Ebbe von Wasser bedeckt sind. Im Wattenmeer meist mäandrierend, bieten sie Lebensraum für Granat und diverse Fischarten wie die Scholle. Sie sorgen also dafür, dass auch die Tiere, die die Trockenheit durch die Ebbe nicht vertragen, überleben können. Ist ein Priel tief genug, um auch bei Niedrigwasser befahrbar zu sein, wird er Baljen genannt. Für die Schifffahrt zu den Ostfriesischen Inseln sind die Priele unentbehrlich, doch haben sie auch ihre Tücken.

Zwischen der letzten Sandbank und dieser hat sie ihr Zeitgefühl verloren. Sie stehen auf Zehenspitzen auf einer Sandbank und halten den Kopf gerade über Wasser, als sie das Boot sehen. Ihre Muskeln krampfen, das eiskalte Wasser steckt ihnen in den Gliedern. Lange halten sie nicht mehr durch.

Zwar könnte es ihr in ihrer derzeitigen Situation egaler nicht sein, doch zuckt Sonja einen Augenblick zusammen, als sie den Mann erkennt, der sich ihnen mit dem Rettungsboot durch den Nebel nähert, der vor einigen Minuten aufgezogen ist. Es ist der Mann, der sie schon einige Male auf Baltrum aufgegriffen hat. Doch dieses Mal könnte sie heulen vor Freude, als sie ihn sieht. Der Mann in der roten Weste zuckt nicht einmal mit der Wimper, als er sie routiniert und sicher an Bord zieht.

Ein Spaziergänger hat die DLRG alarmiert, wie der Mann ihnen erzählt. Max und Sonja hören kaum zu, sie sind leichenblass. Zitternd hüllen sie sich in die Wolldecken, die der Mann ihnen entgegenhält, und klammern sich aneinander.

Als der Mann das Boot an Land schiebt, gibt Max leise seine ersten Worte seit der Rettung von sich. »Sieht so aus, als könnte man in Ostfriesland doch überrascht werden.«

Wat(t)'n Mallöör

Ein fast schon sommerlicher Tag auf der Insel – wer denkt da nicht an einen kleinen Spaziergang durchs Watt bei Sonnenuntergang? Und wer daran, dass er sich dabei in Lebensgefahr begibt? Zu harmlos liegt die ewige Weite vor dem Urlauber, zu fern scheint das Wasser, zu groß ist der Nervenkitzel, einmal über den Grund der salzigen See zu wandern. Denn so wie Sonja und Max geht es jährlich Dutzenden Wattwanderern, die das Tempo der herannahenden Flut und die Gefahr durch die Priele unterschätzen, die nur ein Wattführer mit jahrelanger Erfahrung einzuschätzen weiß. Allein die DLRG rettet jede Saison fast 50 Menschen aus dem Watt. Aufkommender Seenebel sorgt übrigens innerhalb von 20 Minuten dafür, dass sich die Sicht der Wanderer auf wenige Meter beschränkt. Die Gefahr durch volllaufende Priele ist dann noch tückischer, schnell verliert der Spaziergänger die Orientierung und verläuft sich im diesigen und einsamen Watt, das nicht umsonst Schauplatz einiger Krimis ist.

Ein Kompass ist hier zwecklos, zudem lauern weitere Gefahren in Form von Schlick- und Baggerlöchern auf unerfahrene Spaziergänger. Durch den Schlick, der die Kuhlen auffüllt, verwandeln sich die Löcher in Fallen, die ihre Opfer umschließen und die sie ohne Hilfe Dritter kaum überwinden können. Immer wieder melden lokale Nachrichten, dass Spaziergänger im Watt eingesunken, dort steckengeblieben und ertrunken sind, da niemand ihre Hilferufe bemerkt hat.

Ein erfahrener Wattführer kann sich für den Fall, dass er in eine Gefahrensituation gerät, noch am Verlauf der Priele, Schlicklöcher und Miesmuschelfelder orientieren – ein Ortsunkundiger hat nicht den Hauch einer Chance, daraus schlau zu werden. Geortet zu werden funktioniert im Watt selten, eine Rettung ist oftmals aussichtslos, der Ausflug im Watt kann tödlich enden.

KLOOKSCHIETER: SICHER DURCHS WATT

Niemals sollten Sie als unerfahrener Wattwanderer auf eigene Faust ins Watt gehen. Der Weg zurück wird Ihnen durch die Prielsysteme schneller abgeschnitten, als Sie gucken können. Auch erfahrene Schwimmer haben keine Chance, gegen die Strömung anzuschwimmen.

Dasselbe gilt für einen eigentlich harmlosen Spaziergang auf einer Sandbank. Kürzen Sie niemals durch den Priel ab, da dieser zum Teil keinen tragfähigen Grund hat und Sie bei Betreten einsinken würden.

Beachten Sie, dass Sie auf See und im Watt keine Mobilfunkabdeckung haben. Allerdings gibt es mittlerweile eine Sicherheits-App der Deutschen Gesellschaft zur Rettung Schiffbrüchiger, die Rettern zumindest den Zugriff auf den Ort erlaubt, an dem Sie sich zuletzt aufgehalten haben. Kommt der Wattwanderer entgegen der geplanten Ankunftszeit nicht an Land an, sendet die App SafeTrx eine Nachricht an eine private Kontaktperson. Damit hilft sie im Extremfall immens, den Ort für Ihre Seenotrettung zu ermitteln. Sollten Sie im Watt mal in Not geraten – ziehen Sie am besten Ihre Kleidung aus. Wie Sonja nämlich ganz richtig festgestellt hat, wird die im Wasser schwer und zieht Sie runter, was das Schwimmen nicht einfacher macht.

Sollten Sie jemanden entdecken, der in Not ist und dringend Hilfe braucht – eilen Sie ihm trotz der vermeintlich geringen Entfernung nicht direkt zu Hilfe. Rufen Sie den Rettungsdienst, der die richtigen

Maßnahmen ergreifen kann, ansonsten begeben Sie sich selbst zusätzlich und wenig hilfreich in Gefahr.

Auf die Wattenmeer-Erfahrung sollten Sie trotzdem nicht verzichten, sie ist zu einzigartig. Hier ein paar Tipps für Festentschlossene (die auf gar keinen Fall ohne einen Wattführer losziehen):

- Informieren Sie sich bei den Touristik-Unternehmen der Region oder im Internet, wann wo welche Wattwanderung angeboten wird. Dafür gibt es staatlich geprüfte Wattführer, die Ihnen ein sicheres Entdecken des Meeresgrundes ermöglichen. Zu finden sind diese beispielsweise auf der Seite www.ostfriesland.de Die Führungen gibt es getreu dem Motto »Watt is Watt« bis hin zu den Inseln oder auch nur im Küstenbereich, bis zu einem Leuchtturm, für Familien und alles auch barrierefrei.
- Packen Sie ausreichend Sonnencreme ein und nehmen Sie eine Kopfbedeckung gegen die Sonneneinstrahlung mit.
- Packen Sie außerdem einen kleinen Rucksack ein, in dem Sie etwas Proviant und eine Regenjacke mitnehmen. Wenn Sie beispielsweise die Wattwanderung von Neßmersiel nach Baltrum unternehmen, denken Sie an ein bisschen Ersatzkleidung und Schuhe für die Stunden auf der Insel – und verpacken Sie diese am besten wasserdicht in einer Plastiktüte. Darin können Sie später auch Ihre Kleidung von der Wattwanderung lassen.
- Als ideales Schuhwerk bieten sich halbhohe Turnschuhe an. Wer barfuß oder nur in Socken läuft, riskiert Verletzungen durch scharfkantige Muscheln. Gummistiefel und Wanderschuhe saugen sich zu sehr am feuchten Untergrund fest.
- Bleiben Sie immer auf den markierten Wegen.
- Gehen Sie auf keinen Fall bei Nebel ins Watt. Wenn Sie so schon nicht die Hand vor Augen erkennen können, wird sich das im Watt auf gar keinen Fall verbessern.

- Verlassen Sie bei Witterungsumschwüngen sofort das Watt.
- Haben Sie Spaß. Atmen Sie die salzige Seeluft ein, spüren Sie den Schlick unter den Füßen und genießen Sie die Weite, die sich Ihnen bietet.

38 REIZKLIMA WÄHREND DER ÜBERFAHRT

VON WEGEN ZWEITE WAHL

Die von den Muscheln zerkratzten Füße hochgelegt, die Taschentücher zur Linken deponiert und den Duft von Sonnenmilch in der Nase, blättert Sonja durch die Lokalzeitung auf ihrem Bauch. Zumindest soweit der Wind es während der Überfahrt zum Festland zulässt. Sie und Max haben es tatsächlich wieder auf die Titelseite geschafft, wie sie verschämt feststellt. Immerhin erkennt man sie auf dem Bild nicht richtig, der Betrachter sieht nur ihre mit Wolldecken umschlungenen Rücken. Ob sie es diesmal vor den Kollegen geheim halten kann?

Sie blickt zu Max hinüber und in sein Gesicht, das unter der alten Telekom-Kappe, die ein Urlauber vor ihnen in der Wohnung zurückgelassen hat, von der Sonnenmilch ganz weiß ist. Sie haben Glück gehabt. Glück, dass der Spaziergänger ihre Rufe gehört hat und die Retter so schnell da gewesen sind. Zwar waren sie beide unterkühlt, doch den Umständen entsprechend wohlauf. Der Mann, der sie aus dem Meer zog, stellte sich ihnen später als Enno Ennen vor und war gar nicht so übel, wie sie gedacht hatte. Er sorgte dafür, dass sie sicher an Land kamen, und versorgte sie anschließend in seiner Wohnung mit dampfendem Tee, bis er sicher war, dass ihnen nichts fehlte. Auf der Insel halten die Leute zusammen, sagte er. Deshalb übernehme er die vielen Aufgaben gerne. Falls sie noch einmal eine Wattführung wagen wollten, könnten sie gern zurückkommen, er sei – natürlich auch das noch – zertifizierter Wattführer. Trotz der rauen Schönheit des Wattenmeers wollten sie sich aber erst einmal von dem Schrecken erholen. Beim nächsten Mal.

Sie stupst Max an, dem der Kopf in den Nacken gefallen ist und der mit offenem Mund leise Schnarchlaute von sich gibt. Nicht dass ihn die maskierte Möwe das nächste Mal noch schlimmer trifft. Mit einem Ruck setzt er sich auf und blinzelt sie verschlafen an. Dann fragt er nach Wasser. Sein Mund sei trocken. »Liegt vermutlich an der salzigen Luft.« Er zuckt mit den Schultern.

Sie kichert, und der Mundwinkel der Frau, die neben ihnen auf der hölzernen Bank sitzt, zuckt verdächtig. »Wahrscheinlich.«

Nachdem Max einige Schlucke aus der Flasche genommen hat, verschließt er sie und blickt übers Wasser einem Kutter nach. »Komisch, obwohl das gestern echt brenzlig war und wir so viel falsch gemacht haben, fühle ich mich trotzdem ziemlich erholt. Sogar der Rückweg zu Fuß war schön, so umgeben von den Salzwiesen.« Er drückt ihr einen Kuss auf die Schläfe, wobei er weiße Schlieren auf ihrer Haut hinterlässt. Mit dem Eincremen hat er es diesmal definitiv übertrieben. Wie sie ihn so ansieht, muss sie an die rothaarigen britischen Kinder im Ganzkörpertauchanzug am Strand denken, deren Mütter sie gefühlt sekündlich in Sonnencreme ertränken. Na ja, besser zu viel als zu wenig. Vorsicht ist die Mutter der Porzellankiste.

Sie verreibt einen großen Klecks Sonnencreme auf seiner Wange und denkt nach. Die Fähre zieht an Sandbänken vorbei, auf denen sich Seehunde in der Sonne aalen. »Ja, ich muss auch sagen, der Ausflug hat sich gelohnt. Irgendwas hat die Nordsee an sich. Na ja, und dann noch die Tatsache, dass man immer spontan eine Unterkunft kriegt. Da muss man nicht so lange im Voraus überlegen, wir sind ja immer noch in Deutschland.«

Da schnellt der Kopf der Frau vor, deren Mundwinkel eben noch zuckten. »Wenn Sie sich da aber man nicht täuschen wollen, junge Dame.«

Und da war es wieder: junge Dame.

Wat'n Mallöör

Dass man hier immer unterkommt, ist ein Trugschluss, den viele Urlauber ziehen. Schließlich sei es ja Ostfriesland und nicht Amsterdam, nicht Paris und schon gar nicht Rom. Doch gerade die Inseln sind schneller ausgebucht, als viele denken. Die Weite, der Sandstrand und das gesunde Reizklima – all das zieht Gäste an. Nicht zu vergessen, dass auf den Inseln noch mehr als ausgiebige Erholung möglich ist. Kiten, Surfen und Kanufahren machen die Eilande auch für Sportler interessant. Und schon die Bimmelbahn, die auf einigen Inseln die Urlauber vom Anleger zum Ortskern durch Salzwiesen bringt, erobert jedes Kinderherz (auch bei Sturm).

Natürlich profitieren auch die küstennahen Orte vom Ostfriesland-Image. Und sogar in entlegenere Gemeinden im Binnenland wie Jemgum im Rheiderland zieht es Camper und andere Urlauber. Jahr für Jahr steigen die Touristenzahlen. Die Anlage von Wander- und Radwanderwegen, Paddelrouten (übrigens auch sehr zu empfehlen) und Themenrouten in den Siebzigerjahren hat sich ausgezahlt.

Die Zauberformel »Entschleunigung Ostfriesland« wirkt. Wer also denkt, dass eine spontane Buchung erfolgreich ist, irrt. Und da die Inseln nicht nur im Sommer beliebte Ziele sind, empfiehlt sich vorzeitiges Buchen auch im Winter.

KLOOKSCHIETER: KLEINE INSEL-TYPOLOGIE

Neben Baltrum locken noch sechs weitere Ostfriesische Inseln mit jeweils eigenen Sehenswürdigkeiten. Jede hat ihren eigenen Charme, ihren eigenen Charakter. Alle Inseln bieten übrigens ein Füllhorn an Wellness-Rundumpaketen. Nicht nur deshalb sind die Inseln auch im Winter einen Besuch wert. Dann ist es noch ruhiger, die Gäste dürfen dem sanften Hufgetrappel und dem Meeresrauschen lauschen und die Stille bei einer dampfenden Tasse Tee oder einem ordentlichen Schlammbad genießen.

Juist

Töwerland – das Zauberland Juist ist die längste und schmalste der Ostfriesischen Inseln. Zu bestaunen gibt es neben der ostfriesischen Weite, träge blinzelnden Robben und Pferdedroschken unter anderem den Hammersee, den einzigen Süßwassersee auf den Nordseeinseln. Wie eine übrig gebliebene Träne zeugt der See inmitten der Insel von den schweren Sturmfluten, die Juist einst in zwei Teile zerbrachen. Etwas anstrengen muss sich der Urlauber schon, bevor er sich vom Zauber der Insel einfangen lassen kann – immerhin ist die Überfahrt tideabhängig. Es sei denn, er schummelt und nimmt den Flieger: Der kleine Inselflughafen auf Juist ist mit 33.000 Starts und Landungen pro Jahr in punkto Flugbewegungen deshalb die Nummer zwei in Niedersachsen. Da die langen Fährzeiten einige Urlauber abschrecken, verirren sich nur wenige Tagesgäste auf die Insel – sie gehört also ganz Ihnen, wenn Sie bei Sonnenuntergang in der Domäne Bill in Ihren leckeren Rosinenstuten beißen.

Norderney

Besuchen Sie das kleine Las Vegas der Nordsee: Casino, FKK-Strand und Festival – hier ist was los. Auch Sportler kommen auf ihre Kosten: Auf Norderney darf munter gesurft, Rad gefahren und Beachvolleyball gespielt werden. Stärken kann sich der Urlauber anschließend bei einem echten Norderneyer Bier in der Weststrandbar, bevor es weiter zur kultigen Milchbar geht. Doch so viel Trubel die Insel auch bietet, so viel Erholung ist zugleich möglich. Wer es ruhiger mag, wird auch hier fündig – etwa in der wunderschönen Bibliothek des ehemaligen Kurhauses, im größten Thalassohaus Europas oder bei einem Spaziergang durch Salzwiesen und die Wäldchen. Fazit: Norderney – knackig wie die Currywurst aus dem Glas bei der Überfahrt.

Borkum

Weit draußen, 30 Kilometer vor der Küste und damit weit entfernt von der Wurzel allen Übels, der Polle, liegt Borkum. Rund zwei Stunden dauert die Überfahrt mit der Fähre von Emden ins Allergiker-Paradies, eine Stunde mit dem Katamaran. Die größte der Ostfriesischen Inseln punktet mit Hochseeklima – hier können Sie ordentlich durchatmen. Wenn Sie zu Atem gekommen sind, können Sie die Insel entweder mit der nostalgischen Inselbahn Dünenexpress erkunden oder zu Fuß auf rund 120 Kilometern Wanderweg durch Heide, Watt und Wald. Übrigens sind auf Borkum sogar Autos erlaubt, wenngleich im Ortskern das Autofahren verboten ist.

Langeoog

Die lange Insel – hier schlagen Bioliebhaber-Herzen höher. Im Restaurant Seekrug landet das Fleisch vom inseleigenen Hochlandrind direkt auf dem Teller. Außerdem ist Fahrradfahren auf Langeoog erlaubt und beliebt – bei elf Kilometern Länge können sich Radfahrer auf Cruisern oder Tandems richtiggehend austoben. Ein wahrer Schatz ist bei kräftigem Nordostwind am Strand zu finden: Bernstein. Mit einem Ausritt am Strand und einer Portion Sanddorn-Pannacotta in der Teestube am Hafen rundet man den Langeoog-Besuch ab.

Spiekeroog

Hier bleibt die Zeit stehen. Mit ihren grün-weißen Klinkerhäuschen ist die 18 Quadratkilometer große Insel ein echtes Schmuckstück. Darüber hinaus wartet die ungewöhnlich grüne Insel mit der ältesten Pferdebahn der Welt auf. Wer damit nicht fährt, zieht mit einem Bollerwagen los (auch Polizei und Kirche besitzen so ein Wägelchen). Genau wie auf Baltrum ist Radfahren hier verboten, das Autofahren ebenso. Besonders schön: der Lesepavillon inmitten der Dünen, in dem abends Nachtgeschichten vorgelesen werden.

Wangerooge

Politisch ist sie eine friesische Insel, geografisch gesehen aber Teil ihrer ostfriesischen Schwestern. Um die Insel dennoch abzugrenzen, wurde der Insel von der Oldenburger Regierung damals ein »e« an das -oog angehängt. Trotzdem gibt es hier genauso Salzwiesen und Strandhafer, Dünen und funkelnde Wellen zu sehen wie auf den anderen Nordseeinseln. Und im kultigen Café Pudding kann man gar nicht anders – man sieht den Schiffen in der Ferne dabei zu, wie sie an einem vorbeiziehen.

39 BAYWATTSCH

AB IN DEN MATSCH!

Sonja schaut an sich herunter. Zwei Dinge fallen ihr auf. Erstens, stellt sie mit einer Spur Schadenfreude fest: Keiner von ihnen macht hier gerade eine gute Figur. Zweitens, und das muss sie mit einer nicht unerheblichen Portion Scham konstatieren: Wirklich keiner von ihnen macht eine gute Figur – auch sie selbst nicht. So hat sie sich das Ganze nicht vorgestellt, den ersten Ausflug ins Watt nach dem letzten Debakel. Der nächste Ausflug sollte eine kathartische Wirkung haben, sie von den vorherigen Erinnerungen reinwaschen, die vorige Begegnung wettmachen. Sie flucht. Sie hat den alten Drachen unterschätzt.

Mittlerweile hat sie Frau de Boer sogar in Verdacht, den zweiten Wagen längst verkauft zu haben, weil sie in der Zwischenzeit entschieden hat, dass sie sich genauso gut von Sonja durch die Gegend kutschieren lassen kann. Totschlagargument war heute Morgen wie immer der Corsa gewesen, den Frau de Boer ihr »schweren Herzens« und »aus Großmut« überließ, wie sie zu sagen pflegt. Außerdem sei der andere Wagen noch in der Werkstatt. Wer's glaubt. Die alte Frau ist listiger, als ein Schwabe es je sein könnte.

Sonja kneift die Augen zu und mustert von der Seite den Drachen, der sich gerade unschuldig einen nicht vorhandenen Fleck vom

Arm reibt, als könnte er kein Wässerchen trüben. Doch mittlerweile weiß Sonja es besser.

Abgebrüht war die beleibte Frau heute Morgen an ihr vorbeigestapft, kaum dass Sonja ausgestiegen war, und hatte nur ein »Mitkommen!« gemurmelt. Dann hatte sie sich mit einem Schnaufen in Sonjas Wagen fallen lassen, für den sie, wie Sonja fassungslos feststellen musste, noch immer einen Zweitschlüssel besaß. Grietje, die hinter ihrer Oma die Haustür hinter sich zugezogen hatte, war achselzuckend und mit erhobenen Händen an ihr vorbeigelaufen, bevor sie sich ebenfalls in den Corsa fallen ließ, was übersetzt hieß: Jo, kann ich nichts machen. Und nee, kein Frühstück, kein Tee, Oma hat das Kommando. Die alte Frau saß unterdessen im Wagen und trommelte mit den Fingern seelenruhig auf ihrem Schoß.

Sonja schnaubt bei der Erinnerung an die Szene. Stur wie ein Bock, die Frau.

Und Max, ihr starker Freund, war nach einem bloßen Seitenblick des Drachens eingeknickt, er hatte Sonja sogar gefragt, wieso sie so lange brauchte. Vermutlich saß ihm das Tee-Trauma noch in den Knochen. Weichei.

Tja. Und 45 Minuten später steht sie nun auf dem Deich bei der *Schlickschlitten-Wältmeisterschaft* in Greetsiel. Wenn doch nur die Outfits nicht wären.

KLOOKSCHIETER: SCHLICKSCHLITTEN

Der *Kreier*, wie er auch genannt wird, ist ein schlittenähnliches Gefährt. Er entstammt Zeiten, in denen Wattfischer die Schlitten nutzten, um zu ihren Reusen zu gelangen und den Fang auf dem Rückweg an Land zu transportieren. Dabei saß ihnen die Flut im Nacken, weshalb sie sich beeilen und möglichst schnell *kreiern* mussten. Beim *Kreiern* gibt es einen Aufsatz, an dem der Fahrer sich festhalten kann. Mit einem Bein kniet er auf dem Gefährt, mit dem anderen stößt er sich vom Grund ab, ähnlich wie beim Rollerfahren.

Bei der *Wältmeisterschaft* in Greetsiel sitzt den Fahrern aber nicht mehr die Angst um ihren Fang im Nacken, sondern der sportliche Ehrgeiz, Erster im Rennen zu werden. Unter dem Motto »Schmutziger Sport für eine saubere Sache« treten beim »Karneval im Watt« Mannschaften gegeneinander an. Der Erlös wird für einen gemeinnützigen Zweck gespendet. Die schnellste Mannschaft gewinnt – obwohl plüschige Kuheuter und Wikingerhelme den Schiedsrichter bestimmt auch beeindrucken. Längst ist die Veranstaltung Kult, Tausende Besucher reisen jährlich an, um die Wettkämpfe im Matsch anzuschauen. Sogar Teilnehmer aus Dänemark und der Schweiz kommen für das Spektakel her.

Sonjas Wangen färben sich rot, als ihr ihre Aufmachung bewusst wird. Wie die Orgelpfeifen aufgereiht stehen sie nebeneinander auf dem Deich und heben sich in den pinkfarbenen Bodys mit der Aufschrift »Baywattsch« perfekt vor dem blauen Himmel ab. Immerhin spielt der Wind mit und streicht ihnen die Haare aus dem Gesicht, wie in der Serie. Trotzdem hat sie sich von einem *Baywatch*-Moment wohl nie weiter entfernt gefühlt als jetzt. Der alte Drachen muss das Ganze von langer Hand geplant haben, die Kostüme sind eindeutig Marke Eigenbau und müssen wochenlang in Arbeit gewesen sein. Offenbar war sie sich ziemlich sicher, dass niemand richtigen Widerstand leisten würde. Doch immerhin passt Sonja ihr Anzug, im Gegensatz zu dem Ding, das die alte Dame selbst trägt. Wobei diese sich offenbar wenig darum schert, dass sie sich anstelle des Bodys auch eine winzige Serviette über den voluminösen Hintern hätte spannen können und ihre Würde buchstäblich am seidenen Faden hängt.

Ganz im Gegenteil. Mit einem *»Vorhäng bisied! Van nix kummt nix«* stapft die Frau würdevoll los und sorgt mit einem bloßen Blick über die Schulter dafür, dass alle drei ihr wortlos über den Deich hinterhertrotten. Sie müssen wie eine Entenfamilie aussehen. Komisch, denkt Sonja, dass jemand so schlanke Beine und gleichzeitig einen so dicken Bauch haben kann.

Auf dem Weg nach unten schlängeln sie sich durch die Menschenmenge, die sich dicht an dicht auf dem Deich drängt. Touristen, Einheimische und Kinder schwenken Fahnen und Plakate, um die bunten Teams anzufeuern. Hüpfburgen und Essensstände ziehen immer mehr Leute an. Sonjas Hoffnung, den Wettbewerb unbemerkt über die Bühne bringen zu können, rückt Minute für Minute weiter in die Ferne. »Und was ist, wenn das Wasser kommt?«, startet sie einen letzten halbherzigen Versuch, dem Wettkampf im Body zu entkommen. Doch Max versteht den hingeworfenen Rettungsring nicht, er streicht seiner Freundin noch beruhigend über den Rücken. »Wir sind doch ganz nahe am Strand. Diesmal wirklich.« Sonja rollt mit den Augen. Das darf nicht wahr sein.

Frau de Boer gackert. »Dann biste lieber schneller als das letzte Mal.« Und fügt hinzu: »Unsere Vorfahren waren übrigens Fischer gewesen, die mussten jeden Tag gegen die Gezeiten ankämpfen. Als kleines Mädchen hab ich den Fang noch reinholen müssen. Dagegen ist das hier Pipifax, Spaß.«

Doch irgendwas sagt Sonja, dass der Wettkampf keineswegs nur zu ihrem Vergnügen da ist, so wie Frau de Boer die Konkurrenz mustert. Grietje stößt der alten Frau verlegen in die Seite. »Das ist nicht lustig, Oma. Sonja und Max waren wirklich in Gefahr.«

Natürlich wussten auch die Kollegen davon. Ausgerechnet Dieter hatte an dem Wochenende Dienst gehabt und in der Redaktion mehrere Bilder von der Baltrumer Polizei erhalten, auf denen sie schlammverschmiert und lädiert frontal in die Linse guckten. Zwar hatten die Kollegen nach ihrer Rückkehr erst besorgt reagiert, nachdem sie aber feststellten, dass sich die junge Kollegin gut erholt hatte, machten sie etliche Scherze auf ihre Kosten. Freitag hatten die Kollegen ihr Lieblingsbild ausgedruckt, gerahmt und zusammen mit einer Watt-Schönheitsmaske auf ihren Tisch gestellt. Ein wenig lustig fand Sonja das schon, trotzdem hat sie sich pflichtbewusst empört.

Steifer Nordwestwind treibt den beißenden Geruch von Schwefelwasserstoff in Sonjas Nase. Das faulige Watt erstreckt sich kilometerweit. Die Hinterlassenschaften des Wattwurms kringeln sich zu ihren Füßen. Sie rümpft die Nase. Frau de Boer hat sie zum Vierer-Staffel-*Kreiern* angemeldet. Gemeinsam müssen sie auf einem verlängerten *Kreier* 50 Meter gegen die Konkurrenz fahren.

»Wenn wir schon hier sind, ziehen wir die anderen ab.« Max steht, die Arme in die Hüfte gestemmt, schon im Matsch. Irgendwie steht ihm der pinkfarbene Body. Lieber macht sie sich darüber nicht allzu viele Gedanken. Nun gut, vielleicht macht der Wettkampf sogar Spaß. Die anderen Mannschaften versammeln sich schon an der Startlinie. Sonja entdeckt Wikingerhelme, Matrosen und sogar eine Mannschaft, die sich plüschige Euter um den Bauch geschnallt hat, was Frau de Boer allerdings als »pietätlos« betitelt und sich mit ihrem knappen Body auf den Weg zum Start macht.

Max wird indes kampflustig. Die Fußballjahre haben ihre Spuren hinterlassen. »Ich schätze, wir haben insgesamt gute Karten. Unsere Schwachstelle ist ganz klar Frau de Boer, wir drei sind aber gut in Form. Am besten, wir platzieren sie in der Mitte des Schlittens. Grietje geht nach vorne und hält Kurs, ich gebe von hinten aus Gas. Sonja sorgt dafür, dass Frau de Boer hinterherkommt. Alles klar?« Er klatscht in die Hände und beginnt, Aufwärmübungen im Schlick zu machen. Erst zieht er seine Oberarme abwechselnd über seine Brust, dann winkelt er die Knie an und macht schließlich Hampelmänner. Zuletzt dreht er sich um und wirft ihnen einen auffordernden Blick zu. »Hallo, mitmachen, die Damen.«

Grietje kichert. »Irgendwie erinnert mich Max gerade an die Aerobic-Damen aus dem *Call On Me*-Video von Eric Prydz. Ihm fehlt nur noch das Schweißband im Haar.« Sonja prustet los.

Nach einer Aufwärmrunde mit Max steht das Baywattsch-Team mit den anderen Mannschaften an der Linie und wartet auf den Startschuss. Gespannt warten sie auf das Signal, das Knie auf dem

Schlitten, den anderen Fuß im Watt. Kurz bevor der Wettkampfrichter in der orangenen Weste das Zeichen gibt, lässt Frau de Boer sich auf den Schlitten plumpsen, die Beine links und rechts wie auf einem Jet-Ski aufgestützt. Wer der Motor des Gefährts sein soll, ist Sonja gleich klar.

»Frau de Boer, es geht gleich los, hopp, aufstehen«, sagt Max naiv wie eh und je und will der Dame aufhelfen. Doch die schüttelt, wie Sonja schon geahnt hat, bloß den Kopf. Kurz verzieht sie ihr Gesicht, als bereite ihr etwas Schmerzen. »Ich bin 75 Jahre alt, *mien Jung*, außerdem macht mir meine Arthrose wieder zu schaffen. Seht zu, dass ihr Gas gebt.« Anschließend blickt sie stoisch nach vorn, ungeachtet der fassungslosen Blicke der anderen.

Ungläubig schauen die sich an, als die Hupe ertönt und die ersten Teams über die Startlinie schießen. Das wird ein Gemetzel, schießt es Sonja durch den Kopf. Brüllend schiebt Team Baywattsch den Schlitten los. Jetzt macht sie sich wirklich Gedanken über den Einbruch der Flut.

Wat'n Mallöör

Sie sind wortkarg. Sie sind stur. Oder sie sind einfach nur doof. Über kaum ein Völkchen in Deutschland existieren so viele Vorurteile und Witze wie über die kleine Minderheit mit der komischen zweiten Sprache aus dem Nordwesten Deutschlands: die Ostfriesen. Was oft einfach nur sehr witzig ist, birgt manchmal auch, wie so vieles, ein kleines Fünkchen Wahrheit. Nun kann man Frau de Boer nicht unterstellen, doof zu sein. Eher hat sie alle anderen geschickt ausgetrickst und über den Tisch gezogen. Doch viele Worte hat sie dafür nicht verschwendet, und eine gewisse Sturheit hat die Frau auch an den Tag gelegt. Tatsächlich sind Ostfriesen, wie bereits eingangs erwähnt, sehr sparsam mit ihren Worten. Stur sind sie darüber hinaus auch ab und an. Aber ist das wirklich so schlimm? Jemand, der stur ist, ist auch dazu fähig, lange an etwas – oder jemandem – festzuhalten. Hat man also einmal bei einem Ostfriesen einen Stein im Brett, ist es schwierig, das zu ändern. Im Grunde genommen ist die Sturheit also gar nicht so schlimm – wenn man nicht gerade im pinken Body im Matsch steht.

KLOOKSCHIETER: TIPPS FÜRS *KREIERN*

- Ziehen Sie um Himmels willen alte Kleidung an – denn die möchten Sie nach dem Ausflug in den Matsch nicht mehr benutzen. Genauso ziehen Sie besser alte Turnschuhe wie bei einer Wattwanderung an. Nehmen Sie außerdem eine Plastiktüte mit, in der Sie die Sachen anschließend lassen können. Es sei denn, Sie möchten sich gern so ins Auto setzen und den Schwefelgeruch inhalieren.
- Unterschätzen Sie die Anstrengung nicht. Der Schlick ist zäh, allzu leicht ist das *Kreiern* also nicht. Und wenn Sie dabei sind, jammern Sie nicht. Ansonsten lachen Ihre ostfriesischen Mitstreiter Sie vermutlich aus.
- Haben Sie Spaß. Hier in Ostfriesland fällt selten Schnee, also ist es nur logisch, den Schlitten anderweitig zu nutzen. Mehr Winter wird es nicht. Volle Fahrt voraus!

40 OSTFRIESISCHER SOMMER-SCHLUSS-VERKAUF

WO EIN HÄNDEDRUCK NOCH ZÄHLT

Eines hat Sonja inzwischen gelernt: Der Handschlag in Ostfriesland ist wie andernorts der Autovergleich – ein Kräftemessen. Hier gibt man dem anderen nicht locker, beiläufig und schon gar nicht kraftlos die Hand, als gehöre die Hand nicht zum Rest des Körpers. Sondern mit Augenkontakt und einem starken, festen Händedruck; man reicht die Hand nicht nur, sondern drückt wirklich zu. Schon so manches Mal war Sonjas Handrücken bei einem Termin in schwieligen Pranken verschwunden und gequetscht worden. Irgendwann hat sie aber gemerkt, dass die Art, wie sie die Hand ihres Gegenübers drückt, darüber entscheidet, wie ernst man sie nimmt. Und irgendwann wurde ihr klar, dass sich hinter dem Kräftemessen noch etwas anderes verbirgt: echter Respekt. Und ehrlich gesagt, ist es ihr weitaus lieber, sich Respekt durch einen Händedruck als durch die dickste Karre zu verschaffen. Wobei sie dabei mit Frau de Boers altem Corsa ohnehin aufgeschmissen wäre. Was sie wiederum an das unheilvolle Schlickschlittenrennen im Sommer in Greetsiel erinnert. Ein wenig muss sie bei der Erinnerung schon schmunzeln. Ihre anfängliche Wut war verraucht, als Grietje ihr im Nachgang erzählte, dass sich der alte Drache wirklich gefreut und nur nicht gewusst hatte, wie er um die Teilnahme bitten sollte. Zumal ihre Arthrose Frau de Boer tatsächlich seit Jahren davon abgehalten hatte teilzunehmen. Die Geschichte über ihre Vorfahren, die Fischer im Kampf gegen die Gezeiten waren, war natürlich Quatsch.

Sonja verdreht die Augen. Eisiger Wind fährt ihr unter die Jacke und wirbelt die rostigen Blätter auf, die schon von den Bäumen gefallen sind. Von der Herbstsonne keine Spur, die Umrisse des Rathauses spiegeln sich in der Pfütze zu ihren Füßen. Sie biegt aus der Rathausstraße auf die Rathausbrücke ab. Jedenfalls hat sie sich in Ostfriesland angewöhnt, beim Händeschütteln rasch fest zuzudrücken, um die Überraschung auf ihrer Seite zu haben und zumindest ein wenig Druck ausüben zu können, bevor ihr Gegenüber es tut. Auch wenn es, wie jetzt, sechs Uhr morgens ist. Und auch wenn sie auf dem Weg über die alte Rathausbrücke zur Nesse-Halbinsel nur einen Kaffee mitnehmen konnte und diesen nicht einmal ganz hat austrinken können.

Mit dunklen Halbmonden unter den Augen betritt sie zum zweiten Mal in diesem Jahr die Ostfrieslandhalle. Der Geruch erinnert sie sofort wieder an das Debakel von der Miss-Ostfriesland-Wahl. Immerhin ist sie heute angemessener gekleidet – die Stöckelschuhe hat sie in ihrem kleinen Marzipanhäuschen gelassen. Sie kichert, als sie die Viehmarkt-Halle entdeckt.

KLOOKSCHIETER: DER GALLIVIEHMARKT

Im Jahr 1508 erteilte Graf Edzard der Große den Leeranern das Marktrecht. Den Termin für den Viehmarkt legte er dabei auf den 16. Oktober, den Todestag des heiligen Gallus, einem irischen Missionar. Den Tag wählte der Graf mit Bedacht, da bis zum St.-Gallus-Tag die Ernte eingefahren und die Tiere im Stall untergebracht wurden, um sie vor Schnee und Frost zu schützen. Passend also für einen Viehmarkt, da die Bauern um diese Zeit folglich ihr Vieh loswerden wollten. Knechte, Mägde und Händler trafen sich fortan am St.-Gallus-Tag an der *Kaakspütte*, dem historischen Stadtzentrum Leers, um sich mit den Käufen auf einen langen Winter vorzubereiten. Gegen Ende des 19. Jahrhunderts erwuchs aus dem Viehmarkt ein richtiges Volksfest – der Gallimarkt, benannt nach dem heiligen Gallus. Nichtsdestotrotz ist der Viehmarkt, der um sechs Uhr morgens beginnt, auch heute noch fester Bestandteil des Rummels, der alljährlich am zweiten Mittwoch im Oktober stattfindet und am darauffolgenden Sonntag endet. Der Viehmarkt ist in dieser Art einzigartig und zählt zu den größten Europas.

Der Boden der langen, weiß verputzten Halle ist strohbedeckt. Vier Reihen lang steht Kuh an Kuh, während in den Gängen dazwischen lauthals diskutiert wird. Hände werden in die Hüften gestemmt, Abgänge galant und weniger galant vorgetäuscht, Arme in die Luft geworfen und geflucht. Sonja hat das Gefühl, auf einem türkischen Basar gelandet zu sein. Fasziniert betritt sie eine der Reihen, als eines der Kälbchen ihre Aufmerksamkeit auf sich zieht. Ungerührt der Szenen, die sich um das Jungtier herum entspinnen, schmiegt sich das flauschige hellbraune Kalb mit den Knopfaugen ins Stroh. Sonja hockt sich hin. Doch gerade als sie die Hand ausstrecken möchte, ertönt eine Stimme über ihr.

»Na, selbst die Frau vom *Blattje* is verzückt, Alfred. Sieh dir das mal an, Prachtexemplar ist das, gut geschnitten, prall, allererste Sahne. 75 will ich haben.« Diesmal irritieren sie die Worte nicht, die er benutzt, da sie der Kuh gelten und nicht ihr. »Hermann, lass mich doch am Leben hier. Du hast ja wohl einen kompletten Sockenschuss, hast du.« Der andere Mann stützt die Hände in die beleibten Seiten.

Das sind dann wohl der Züchter und der potenzielle Käufer, denkt Sonja sich und richtet sich auf. Dabei beobachtet sie, wie die beiden Männer, die sich immer noch zanken, zwischendurch immer wieder mit den Händen abklatschen. Wie bei einem dieser Spiele, die sie in der Grundschule auf dem Schulhof immer gespielt hatte.

Nun gut, sie sollte zusehen, dass sie ein gutes Bild von dem Kälbchen bekommt. Sie hält dem Züchter die Hand hin, um sich vorzustellen. Als der Mann ihre Hand sieht, zieht er die Augenbrauen hoch und grinst den anderen Mann an. Dann schlägt er ein.

»*Moin*. Häberle vom *Ostfreesen-Blattje*. Ich möchte gern ein Bild von dem Kälbchen machen, wenn's genehm ist.« Ihre Hand prickelt. Der hat gut zugedrückt. Bloß nichts anmerken lassen.

Der Züchter lacht und reibt sich den dicken Bauch. »Genau genommen können Sie mit dem Kälbchen machen, was Sie möchten.« Er hebt seine Baskenmütze an. »Soll ich Ihnen beim Einladen helfen?«

»Einladen? Was denn einladen?« Sonja sieht den Züchter irritiert an.

Der andere Mann tippt sich mit dem Zeigefinger an seine Glatze. »Hermann, nun spinnst du ja wohl endgültig.«

Wat'n Mallöör

Tja, das mit dem Handschlag und dem Kräftemessen in Ostfriesland stimmt für sich genommen. Nur beim Viehmarkt sollte man damit vorsichtig sein – hier erwirbt der Käufer die Kuh nämlich nicht per Vertrag, sondern ganz traditionell per Handschlag. Wo sich der Rest des Bürokratiedeutschlands schwertut, kommt der Händler in Ostfriesland erst in Fahrt. Das Abklatschen, das Sonja beobachtet hat, ist ein Gerangel zwischen Käufer und Züchter und hält so lange an, wie beide Parteien feilschen und Kaufpreise nennen und bis sie sich einigen können. Darauf, dass der Käufer den Handel auch erfüllt, vertraut der Züchter sozusagen blind. Bei einem Versehen wie dem von Sonja bleibt der Züchter aber normalerweise nicht so hart. Scheint so, als hätte sie es mit dem Bullen unter den Verkäufern zu tun. Da wollen wir mal hoffen, dass der Kaufpreis nicht allzu hoch war, als Sonja eingeklatscht hat.

41 DIE FÜNFTE JAHRESZEIT

... IST IN OSTFRIESLAND NICHT DER KARNEVAL

Der Duft von Zuckerwatte und gerösteten Mandeln liegt in der Luft, als Sonja sich mit geröteten Wangen durch die Menge aus ihrer Gasse auf den breiteren Teil der Rathausstraße schiebt. Sie windet sich um eine ältere Dame mit einer Drehorgel und sieht in einiger Entfernung Luftballons im Wind tanzen und den dazugehörigen Verkäufer in Schach halten.

Das sind gefühlt die mit Abstand längsten sechzig Meter, die sie je gegangen ist, denkt sie. Die Menschen stehen dicht an dicht und versperren ihr den Weg zur Rathaustreppe. Ständig bleibt sie mit ihrem langen Wollschal oder der sperrigen Filmkamera hängen. Sie hat die Zeit für die Strecke von ihrem Häuschen in der Gasse bis zum Rathaus ob des Andrangs unterschätzt. Wie sollte sie auch ahnen, dass bei einer gewöhnlichen Kirmeseröffnung in Ostfriesland die Besucher Schlange stehen. Zwar hatte sie die Stimmen in der Altstadt schon frühmorgens durch ihre dünnen Wände dringen hören, die tatsächliche Menge aber überrascht sie doch. Immer wieder stockt der Fluss und zwingt sie, stehen zu bleiben. Bei einer der unfreiwilligen Pausen kommt ihr die kleine Eetje wieder in den Sinn. Ob es dem kleinen Kälbchen gut geht?

75 Euro. 75 Euro und sie ist Besitzerin eines Kälbchens. Genauer gesagt, von Madame Eetje, wie der Händler sie nannte, wobei das französische Madame bei ihm mehr nach Madamme klang. Offenbar hatte sie am Anfang der Händeklatscherei, die auch Klopperei heißt, wie sie nun weiß, teuer zugeschlagen. Das jedenfalls hat Frau de Boer nach einem fachmännischen Blick postuliert. Ihre Vorfahren hätten in der Milchviehwirtschaft gearbeitet, deshalb kenne sie sich aus, sagte sie, wobei Grietje mit den Augen zur Decke schielte und etwas, das wie »Schafwirtschaft« klang, hustete.

Hätte jemand Sonja jemals erzählt, sie besäße einmal ein Kalb, hätte sie ihn vermutlich ausgelacht. Wobei sie zugeben muss, dass die Wahrscheinlichkeit, in Ostfriesland eine Milchkuh zu besitzen, proportional gesehen ziemlich hoch ist im Vergleich zum Rest des Landes. Sie gesteht es sich nur ungern ein, aber ohne die alte Frau und Grietje wäre sie heillos aufgeschmissen gewesen. Der Händler hatte kein Erbarmen gezeigt und nur ein »Handel is Handel, vor allem aufm Viehmarkt« genuschelt. Dann hatte er ihr die kleine Eetje samt Strick und Halfter in die Hand gedrückt. »Ostfriesische Bauernschläue – schlimmer wie jeder Schwabe, wenn's ums Geld geht«, hatte sie gegenüber Grietje am Telefon geschimpft, als sie mit Eetje am Strick vor der Ostfrieslandhalle allein auf dem Kopfsteinpflaster stand. Grietje hatte auf Sonjas Tirade und ihre typisch schwäbische Eigenart, wie mit als zu verwechseln, nur mit einem routinierten »Als« reagiert. Auf die danach entstandene Pause hin hatte sie sich geräuspert und nur gefragt, ob sie Eetje nicht bei Frau de Boer unterbringen wolle. Und das mit einer solchen Selbstverständlichkeit und ihrer typischen Nüchternheit, dass Sonja vor Rührung fast in Tränen ausgebrochen wäre. Grietje, die die herannahende Tränenflut offenbar witterte, fuhr verlegen fort. Die alte Frau sei ohnehin zu viel allein auf dem riesigen alten Hof, ein wenig Gesellschaft könne ihr nicht schaden. Die alte Frau hatte daraufhin am Telefon zwar reichlich ungehalten reagiert und gezetert, was das Zeug hielt, war währenddessen aber bereits schnurstracks auf Grietjes Auto zumarschiert und hatte mit dem Fuß wippend darauf gewartet, dass Grietje wieder einstieg, damit sie Eetje und Sonja abholen konnten.

Nun steht sie also fortan und bis in alle Ewigkeit tief in Frau de Boers Schuld. Allerdings tut sie das wegen des Autos ohnehin schon. Außerdem sieht Eetje nicht unzufrieden aus bei der alten Frau, die vor der Autofahrt mitsamt Hänger schon eine Box in den alten Ställen reserviert und mit Stroh aufgefüllt hatte. Wie das Kälbchen so dastand und munter sein Futter malmte, während Frau de Boer es tätschelte, um es herumscharwenzelte und irgendwas von *»dat lütte Ding«* murmelte, war Sonja nicht einmal mehr unglücklich über den versehentlichen Kauf. Da machte es ihr auch nichts mehr aus, dass Frau de Boer sie dabei ertappte, wie sie über die beiden lächelte, und ihr schmaläugig sagte, sie habe zweimal die Woche zur Pflege da zu sein – mindestens. Auf Ostfriesen ist Verlass, das hat sie gelernt.

Mit einem Ruck setzt sich die Menge wieder in Gang und reißt Sonja aus ihren Gedanken. Gleichzeitig hat sie jetzt einen freien Blick auf die Rathaustreppe oder zumindest auf den Teil, wo Grietje schon neben der Bürgermeisterin steht und nach ihr Ausschau hält. Mit der freien Hand winkend, schiebt sich Sonja ihrer Freundin mit einigen gemurmelten Entschuldigungen entgegen. Als sie aber schnaufend am Fuß der Treppe innehält und hochblickt, entdeckt sie neben der Bürgermeisterin etwas anderes, das ihre Aufmerksamkeit mit einem Schlag auf sich zieht. Auch Grietjes warnender Blick kann das Kichern nicht mehr stoppen, das ihr im Hals steckt. Lachend wendet sie sich ihrer Freundin zu und stößt zwischen ein paar Glucksern hervor: »Grietje. Was zur Hölle machen denn die alten Männer in Strumpfhosen neben der Bürgermeisterin?« Auf Grietjes sanften Stupser hin legt sie nach: »Und ich Trottel steh hier und trage eine Hose darüber.« Sie schlägt sich mit der flachen Hand gegen die Stirn.

Grietje, die nun ebenfalls ein Lachen unterdrücken muss, murmelt ihr zwar noch ein warnendes »Psst!« zu. Das kommt allerdings zu spät. Die Leeraner Bürgermeisterin mustert Sonja bereits von Kopf bis Fuß. »Für eine ostfriesische Lokalreporterin sind Sie ausgesprochen uninformiert. Die Männer in den Strumpfhosen sind Herolde.« Letzteres sagt sie so, als wäre spätestens jetzt klar, wieso die alten Männer Strumpfhosen, darüber kurze Pumphosen und ausladende Hüte mit Federn tragen.

Wat'n Mallöör

Ja, es gibt noch einen anderen Gallimarkt. Irgendwo bei München, in Mainburg oder so. Aber eben nicht *den* Gallimarkt. Zumindest wenn es nach den Ostfriesen geht. Für die Bewohner des nordwestlichen Zipfels Deutschlands ist dieser Jahrmarkt kein bloßer Saufrummel, wobei dieser Teil selbstredend auch nicht zu kurz kommt.

Alljährlich am zweiten Mittwoch im Oktober versammeln sich traditionell Schausteller samt Buden in der Leeraner Altstadt und gastieren zwischen Kopfsteinpflaster und Stuckfassade. Nachdem sich aus dem Viehmarkt gegen Ende des 19. Jahrhunderts auch das Volksfest entwickelte, ist der Gallimarkt Ostfrieslands fünfte Jahreszeit. Betriebe schenken Arbeitnehmern einen halben Arbeitstag, um gemeinsam über den Markt zu ziehen. Butenostfriesen aus ganz Deutschland nehmen sich Urlaub, um den Jahrmarkt in der Heimat nicht missen zu müssen. Kinder freuen sich schon das ganze Jahr darauf – der Gallimarkt ist für die Menschen in der Region etwas ganz Besonderes. Und vielleicht liegt das auch einfach daran, dass die Menschen Jahrmärkte mögen: den Duft von gebrannten Mandeln, von Zuckerwatte, den Reiz der Fahrgeschäfte und die langen Nächte. Echte Ostfriesen aber sehen in ihrem Gallimarkt mehr als das.

Zunächst einmal wäre da die Tradition. Ostfriesen lieben Traditionen, wie jeder Außenstehende spätestens bei dem Klimbim, der die *Teetied* umgibt, bemerkt. Die bloße Existenz des Gallimarktes ist also schon Anlass genug, ihn Jahr für Jahr wieder zu zelebrieren. Teil der Tradition ist der um sechs Uhr beginnende bereits erwähnte Viehmarkt. Daran schließt die jährliche Eröffnung des Jahrmarkts an, die um exakt 11:30 Uhr auf der Treppe des Leeraner Rathauses stattfindet. Zu Beginn des 20. Jahrhunderts wurde anlässlich der 400-Jahr-Feier auch der Brauch eingeführt, dass der jeweilige Bürgermeister mit zwei, später drei Herolden den Markt einläutet. Damals führten die Herolde, im Mittelalter offizielle Boten eines Lehnsherrn, einen Festumzug mit verschiedenen Handwerken, Zünften und Personen der Geschichte an. Seitdem sind sie von der Eröffnung nicht mehr wegzudenken.

Der Bürgermeister beginnt die Eröffnung traditionell mit einer unterhaltsamen Rede auf Plattdeutsch – was tatsächlich schon so manch neuem Amtsinhaber, der der Sprache nicht mächtig war, Schweiß auf die Stirn getrieben hat. Schließlich stehen die Bürger von der Treppe bis hin zur Nesse auf der Rathausbrücke Schlange, um sich davon zu überzeugen, dass der Leeraner Bürgermeister sein Amt auch ehrt. Platt zu sprechen ist dabei ein Muss. Im Anschluss – und jetzt kommen die älteren Herrschaften in Strumpfhosen ins Spiel – treten die Herolde als Marktausrufer in Erscheinung. Jahr für Jahr sagen sie seit der großen Feier den Spruch auf, der den Markt einläutet und die ostfriesischen Besucher in Euphorie versetzt (rechts die Übersetzung, um Ihnen die Chance zu geben, die Verse auch zu verstehen):

»Radeau, Radeau, raditjes doe,	»Radeau, Radeau, raditjes doe,
de Stadt, de hört de König toe,	die Stadt gehört dem König,
Radeau, Radeau, raditjes dum!	Radeau, Radeau, raditjes dum!
De Börgmester led verbeden,	Der Bürgermeister lässt verbieten,
Dat nüms mag kopen of verkopen	niemand darf kaufen oder verkaufen,
bevör de Klocke negen sleit	bevor die Glocke neun schlägt,
bi Verlüß van Goderen	unter der Androhung des Verlustes aller Güter,

un all wat over tein Pund weggt,	und alles, was über zehn Pfund wiegt,
is na de Waage to brengen,	ist zur Waage zu bringen,
un darnaa dree Daag free Markt!«	und dann drei Tage freier Markt!«

Vor und nach den Zeilen läutet der Herold, der sie aufsagen darf, übrigens kräftig mit einer Glocke. Und zugegeben: Das eher ausgefallene Outfit samt Spektakel mag Außenstehende irritieren, ein Ostfriese hingegen zuckt bei dem Anblick nicht einmal mit der Wimper. Reihen Sie sich also einfach unauffällig ein und genießen Sie die ostfriesische Tradition.

Der Ostfriese hegt und pflegt also seine Bräuche, schön und gut. Die jüngeren Generationen aber wissen oftmals gar nicht so recht über die Historie des Gallimarkts Bescheid, kratzen sich ratlos am Kopf und antworten auf die Frage, wieso sie eigentlich zum Gallimarkt gehen, meist ein genuscheltes: »Is eben so.« Irgendeinen Grund aber muss es geben, dass sich nicht nur grauhaarige Greise mit Gehstock übers Kopfsteinpflaster quälen, um in Erinnerungen zu schwelgen, sondern auch Pubertierende, die Bräuche eigentlich uncool finden, sich dort tummeln. Und sogar die Studenten, die ausgeflogen sind, um die Kleinstadt hinter sich zu lassen und in hippen Großstädten zu leben, kehren anlässlich des Gallimarkts in die Heimat zurück.

Und wie gesagt, vielleicht liegt es einfach daran, dass die Menschen Jahrmärkte mögen. Vermutlich aber kommen sie alle auch deshalb zurück, weil jeder Ostfriese, egal wo er ist, seine Heimat im Herzen trägt. Weniger pathetisch und eher pragmatisch gesehen ist es vielleicht auch so: Ob Kindergartenfreund oder verflossene Liebschaft – alle, die der Ostfriese wiedersehen möchte, und auch die, die er den Rest des Jahres auf gar keinen Fall sehen möchte, sind zumindest einmal im Jahr in Leer: am Gallimarktsfreitag. Und dort trifft man sich dann im Verlauf des Abends an der einen Bude, an der (wieso auch immer) kroatischer Pflaumen-Birnen-Likör tablettweise auf den klebrigen Tresen geknallt wird, und frischt all seine Gründe auf, warum man die anderen so gern wiedersehen oder auch nicht wiedersehen wollte, und ist nach all den Schnäpsen nichtsdestotrotz froh, alle Gründe aufgefrischt zu haben, und fährt danach wieder dahin zurück, wo man hergekommen ist, um dem Leben auf dem Land zu entfliehen – zumindest bis zum zweiten Mittwoch im Oktober.

Wenn Gallimarkt ist.

Der Gallimarkt.

42 WO MAN DEN FEIND MIT LEHMKLUMPEN VERTREIBT

ÜBER OSTFRIESISCHE SPORTARTEN

Auf dem Weg zur Arbeit sind Sonja die leeren Wiesen aufgefallen. Ohne die schwarz-weißen Kühe wirken die Weiden seltsam einsam unter dem grauen Winterhimmel. Die Straßen scheinen endloser als im Sommer. Das Auge findet keine Ablenkung, die Tiere fehlen auf dem Land. Immerhin hat Sonja Eetje, die sie oft besucht und die unter Frau de Boers Aufsicht reichlich an Gewicht zugelegt hat. Zwar meckerte der alte Drachen von Zeit zu Zeit beim Tee, die Kuh fresse ihr die Haare vom Kopf, doch immer, wenn Sonja die Frau mit der jungen Kuh sieht, steckt sie ihr irgendwelche Leckereien zu, lächelt und sieht dabei ein wenig jünger aus.

Auch Max fehlt Sonja. Lange wird sie die räumliche Trennung nicht mehr durchhalten, das weiß sie, und sie glaubt, dass Max es auch ahnt. Zu groß ist die Freude beim Wiedersehen und zu schmerzhaft der immer wiederkehrende Abschied. Die Telefonate werden seltener, und wenn sie doch stattfinden, sind sie kurz und knapp. Beide sind der Fragen überdrüssig, wie der Tag war, was man so mache, ob und wann man sich das nächste Mal sehe. Ihr fehlt das gemeinsame Einschlafen, das Aufwachen, sogar seine Neckereien und dass er sie Motsi nennt, wenn sie nörgelt.

Immerhin hat sie wenig Zeit, Trübsal zu blasen, oft macht sie Überstunden. Die Digitalisierung schnürt das Personalkorsett immer enger, die verbliebene Leserschaft der Lokalzeitung stirbt. Oft werden die anderen Volontäre und sie als vollwertige Mitarbeiter gesehen. Zeit für die Ausbildung findet sich wenig, eher üben sie sich täglich im Sprung ins kalte Wasser. Ihr macht das nicht viel aus – sie mag die Termine, die Arbeit. Die meisten Kollegen sind Freunde geworden, allen voran Grietje. Lächelnd nickt sie und steht auf, als ihre Kollegin die vormittägliche Teepause ankündigt. Vermutlich hat ihre Freundin ihr angemerkt, dass sie stiller ist als sonst.

»*Na, all up Stee?*«

»Ja, eigentlich schon, nur Max fehlt mir mal wieder. Das Übliche. Aber erzähl du doch mal, Grietje. Wie war eigentlich dein Wochenende?«

Grietje, ihre liebe Grietje, geht sofort auf ihr Ablenkungsmanöver ein und hakt nicht weiter nach. Das ist auch so eine Sache, die ihr in Ostfriesland so gefällt. Die Leute merkten, wann man etwas sagen möchte. Deshalb empfindet sie die Wortkargheit ihrer Kollegen mittlerweile auch nicht mehr als Desinteresse. Sobald sie reden will, hören sie zu.

Grietje biegt in den langen Flur zur Teeküche ab. »*Höör mi up*. Ich war boßeln, ich hab immer noch so einen Schädel, da könnt ich mich von Mexiko aus dran kratzen.« In der Tat sehen die Wangen ihrer Freundin heute nicht so rosig aus wie sonst.

»Also ihr zieht mir hier los, *Sakra*. Dieter meinte vorhin auch schon, ihm sei vom Boßeln noch schlecht, und Hedda setzte gleich nach, sie hätten beim letzten Boßeln einen kompletten Bollerwagen voll Schnaps dabeigehabt, was ich ehrlich gesagt auch noch nie gehört habe. Also beim Boßeln macht ihr Ostfriesen keine halben Sachen, das habe ich gemerkt.«

Grietje schmunzelt. »Na ja, wir trinken beim Boßeln ja auch nich immer. Da kann man auch ohne Schnaps viel Spaß haben. Dieter beispielsweise macht das sogar im Verein, da trinkt er bei Wettkämpfen ganz bestimmt nich. Nur is dat immer so kalt, und der Schnaps wärmt so schön.«

Ungläubig schaut Sonja ihre Kollegin an. »Wettkämpfe? Und wieso wird euch beim Boßeln kalt, wenn euch doch warm wird?«

»Na, kalt, weil's draußen ist natürlich. Und warm vom Boßeln. Das ist hier ein ganz normaler Sport wie jeder andere auch. Wir drucken im Sportressort sogar die Boßel-Tabellen der Vereine ab, die sind länger als die vom Fußball. Ist dir das noch nie aufgefallen?« Grietje wirft ihr einen Seitenblick zu.

Jetzt versteht Sonja gar nichts mehr. Sie bleibt stehen. »Warte. Wovon redest du eigentlich?« Dann reibt sie sich ihr Schlüsselbein und fragt zaghaft: »Ich dachte, boßeln ist ein anderer Ausdruck dafür, saufen zu gehen?«

Grietje schaut sie einen Augenblick ausdruckslos an. Dann lacht sie schallend los, tätschelt ihr die Schulter und geht mit einem »Hach, Sonja, wenn wir dich nich hätten« in die Teeküche.

Wat'n Mallöör

Da haben offensichtlich so viele Kollegen im Zusammenhang mit Boßeln Alkohol erwähnt, dass Sonja den Begriff doch glatt für ein Synonym fürs Feiern gehalten hat. Tatsächlich ist beim Boßeln in Ostfriesland oft Alkohol im Spiel. Allerdings impliziert das Boßeln nicht das Hochprozentige. Immerhin gibt es auch noch einige Vereine in Ostfriesland, die den Sport auf Wettkampfebene betreiben. Boßeln ist ein Sport, bei dem die Spieler auf einer geraden Strecke – meist Straßen – mit einer Kugel versuchen, möglichst weite Würfe zu erzielen. Ein guter Wurf kann über 300 Meter reichen.

KLOOKSCHIETER: OSTFRIESISCHE SPORTARTEN

Wer denkt, die ostfriesische Nationalsportart sei Teebeutelweitwurf, der hat sich getäuscht. Hier ein Überblick über die ostfriesischen Paradedisziplinen.

Klootschießen

Die Wettkämpfe finden seit jeher auf zumeist zugefrorenen Äckern statt, was vermutlich auf die früher unzureichenden sportlichen Anlagen zurückzuführen ist. Gespielt werden kann aber genauso gut im Sommer. Das Wurfgeschoss, eine mit Blei ausgegossene Holzkugel, muss möglichst weit weg befördert werden, wobei der Werfer Anlauf nehmen darf. Dabei läuft der Sportler 25 Meter, bevor er von einer kleinen Schanze abspringt, um aus der Luft heraus die Kugel möglichst weit zu schleudern. Urkundlich wurde sie um das 18. Jahrhundert erwähnt, doch reicht die Geschichte der wahrscheinlich ältesten ostfriesischen Sportart noch weiter zurück. So sollen schon die Römer berichtet haben, dass sich die Friesen mit Wurfgeschossen aus Lehmklumpen verteidigten. Wie sehr diese etwas spezielle Verteidigungsform von Erfolg gekrönt war, sei einmal dahingestellt. Jedenfalls entwickelte sich daraus die Sportart, deren Zuschauer das Wetten, Trinken und Feiern übrigens zeitweise dermaßen übertrieben, dass die Ausübung vorübergehend gar verboten wurde. Der Sport selbst sollte aber nicht unterschätzt werden. Aufgrund der nicht ganz einfach zu erlernenden Wurftechnik ist das Ansehen der Klootschießer bei der Bevölkerung höher als das der Boßler.

Boßeln

Hervorgegangen aus dem Kegelsport und der Tatsache geschuldet, dass Kegelbahnen in ostfriesischen Wirtshäusern rar gesät sind, entwickelte sich Ende des 19. Jahrhunderts der Boßelsport. Als Bahnen halten bis heute ostfriesische Straßen her, für die Begrenzung sorgt rechts und links der *Schloot* oder auch *Sloot* – der Wassergraben an der Seiten. Landet die Kugel im Graben, wird sie mit einer Art Kescher wieder herausgefischt. Wer also häufiger auf Ostfrieslands Straßen unterwegs ist, stößt früher oder später auf ein dreieckiges Schild mit der Aufschrift »Achtung! Boßeln!«, gefolgt von ein oder zwei Dutzend konzentrierter (und/oder alkoholisierter) Ostfriesen, deren Blick an einer kleinen Kugel hängt, die beachtlich schnell über die Fahrbahn saust. Tatsächlich wird in der Region gern im Winter unter Freunden eine Boßelfahrt unternommen, begleitet von reichlich Hochprozentigem gegen die Kälte und alles andere. Anschließend kehren die Gruppen oftmals in Wirtshäusern ein, um sich bei ostfriesischem Grünkohl aufzuwärmen.

Hier ist als Verkehrsteilnehmer absolute Vorsicht geboten. Gerade weil die Sportart überwiegend im Winter und auf entlegenen Straßen mit wenig Beleuchtung ausgeübt wird, müssen Autofahrer besonders umsichtig fahren. Erst im Februar 2019 ist ein Autofahrer im Emsland in eine Boßelgruppe gerast und hat dabei acht Menschen zum Teil lebensgefährlich verletzt.

Pultstockspringen oder auch Padstockspringen

Ebenso aus der Not geboren ist das Pultstockspringen. Wer nämlich die befestigten Wege Ostfrieslands mit ihren niedlichen kleinen Brücken verlässt, steht vor einem handfesten Problem – den Entwässerungsgräben. Irgendwie muss es Ostfriesland eben schaffen, so weit unterm Meeresspiegel zu existieren. Die Menschen früherer Zeiten entwickelten für diese Angelegenheit eine ebenso effektive wie sportliche Lösung: Sie nahmen Anlauf, rammten einen Pultstock in den Grund des *Sloots* und gelangten so auf die andere Seite des Gewässers. Natürlich fingen die Ostfriesen damit an, sich darin zu messen, und entwickelten so die Disziplin Pultstockspringen. Der Stock ist ein drei bis vier Meter langer Stab, an dessen Ende sich eine kleine Scheibe befindet, um ein Versinken des Stabs im schlammigen Untergrund zu vermeiden. Weiten von zehn Metern sind (jedenfalls für geübte Springer) auf diese Art möglich. Was mit weniger geübten Sportlern passiert, ist ganz treffend bei Youtube in einem Video des NDR zu sehen: Bei dem Versuch, den Graben zu überwinden, zerbricht ein Reporter den Stock in der Mitte (ob des Gewichts?) und landet mit einem satten Platschen im Schlamm.

Wer meint, die Fülle aller ostfriesischen Fertigkeiten zu beherrschen, darf sein Können beim »Ostfriesen-Abitur« in Wittmund beweisen. Die angehenden Profis werden dabei in den Disziplinen Boßeln, *Bessensmieten* (Strauchbesenwerfen), Padstockspringen, Kuhmelken, Plattdeutsch, Teetrinken und Krabbenpulen geprüft. Bei der Absolventenfeier gibt es natürlich ein Zeugnis und – natürlich – *Bohntjesopp*. Na, dann prost!

43 DER PENIS UND DIE PALME DES NORDENS

FEINSTER PINKEL UND *GRÖÖNKOHL*

Trotz des Alkohols spürt Sonja ihre Hände schmerzhaft prickeln, als ihre Finger langsam auftauen. Ihr war bislang nicht klar, dass man auf so kurzer Strecke so viel trinken kann. Gegen Ende der Boßeltour durch den Leeraner Hammrich hat sie die Kugel mit beiden Händen gehalten, zwischen ihren Beinen Schwung geholt und erst dann losgelassen. Nur einmal ging der Schuss nach hinten los. Zum Glück standen die anderen abseits beim Bollerwagen für die nächste Runde.

Sie kichert und sieht Max an, der ihr gegenüber vor einem Glas Hochprozentigem sitzt und aussieht, als führe er eine innere Debatte darüber, ob er den Kurzen einfach ablehnen soll oder ob ihm seine Männlichkeit, die ihm dann abgesprochen würde, wichtiger ist. Sie ist sich nicht einmal mehr sicher, ob der wahre Wettkampf bei der Tour darin besteht, wer als Erster in sein Glas schielt.

»Nich lang schnacken, Kopp in Nacken, los nu«, brüllt Dieter jetzt und johlt los. »Pa-ha-ha. Oder kannssu nich mehr?«

Das lässt Max natürlich nicht auf sich sitzen, fingert sogleich nach dem Glas und stürzt den Alkohol runter. Danach wischt er sich mit der flachen Hand den Mund ab und hickst. Grietje lehnt sich zu ihrer schwäbischen Freundin hinüber. »Jetzt weissu auch, wieso wir Grünkohl essn, saugt den Alkohol einfach wieder wech.« Ihr Versuch, beim letzten Wort zu schnipsen, scheitert kläglich am Nichtzusammentreffen des Mittelfingers mit dem Daumen. Stattdessen tätschelt sie ihrer Freundin die Hand. Jetzt kichern beide.

Als die Kellnerin den Grünkohl auftischt, sind alle peinlich darauf bedacht, nüchtern zu wirken. Max lobt dabei überschwänglich und mit überdeutlicher Aussprache das Essen. »Köst-lich, wie das duftet.« Routiniert tischt die Frau das Essen auf, ohne sich von der angeheiterten Gruppe beirren zu lassen. Vermutlich sind sie heute nicht die erste Boßeltour, die sie »betreut«.

Als alles aufgetischt ist, erklärt die Frau kurz, was sie serviert hat, und bleibt zuletzt bei einem Teller stehen, auf dem sich Kassler und dralle kleine Würste türmen. »Und das hier«, sagt sie und zeigt auf eine der Würste, »ist Pinkel, frisch vom Schlachter.«

Sonja kichert wieder los. »Also ich bin ja betrunken, das bin ich, ja, will ich auch gerne ssugeben, aber soooo betrunken bin ich auch wieda nich.« Sie tippt sich mit dem Finger an die Stirn. »Nich ma Ostfriesen kommen darauf, ne Wurss, die sie essen wolln, Pinkel su nennen. Das iss doch kein Sau.« Sie kichert wieder, wobei Max einstimmt und die anderen Zustimmung heischend angrinst. »Pinkel«, wiederholt er. Und fügt noch einmal kopfschüttelnd hinzu: »Wo gibsen so was?«

Der Rest der Belegschaft ist leiser geworden, nur an ihrem Tisch brandet immer wieder vereinzelt Gekicher auf. Die Kellnerin pflückt sich indes einen nicht vorhandenen Fussel von der blütenweißen Schürze, bevor sie sich räuspert: »In Ostfriesland.«

Wat'n Mallöör

Nun ja, die Wurst namens Pinkel existiert wirklich. Sie ist obendrein äußerst schmackhaft und Bestandteil fast eines jeden *Gröönkohl*-Essens, das zum ostfriesischen Winter gehört wie das Boßeln.

Und ja, vermutlich leitet sich der Begriff aus dem Platt wirklich von dem Wort »Pinkel« ab, was in der Tat, auch laut Duden, übersetzt Penis bedeutet. In Anbetracht der Optik entbehrt das nicht einer gewissen Logik. Nichtsdestotrotz, dass Sonja und Max den Namen der Wurst für einen Scherz gehalten haben, ist ihnen nicht zu verübeln. Für Ostfriesen ist der Begriff aber kein besonderer – er wird von Generation zu Generation weiter überliefert und wie jedes andere Wort benutzt. Dem einen oder anderen eingefleischten Ostfriesen könnten Scherze über seine Lieblingswurst (also den Pinkel) dennoch übel aufstoßen, besonders wenn sie mühsam zubereitet und gerade serviert wurde.

Aber genug von der Wurst, eigentlich ist der Pinkel auch nur Beiwerk eines der traditionsträchtigsten Essen Ostfrieslands. Bleiben wir deshalb lieber bei unverfänglicheren und klangvollen Begriffen wie »Palme des Nordens«. Dieses Synonym für die Hauptattraktion des Gerichts, den *Gröönkohl*, verdankt sich seinen palmenartigen Blättern. Angereichert mit Zwiebeln und Hafergrütze wird er unter der Zugabe von Kassler und Speck zusammen mit Kartoffeln, den Pinkel-Würsten und Senf serviert. Wichtig ist vor allem, dass der Kohl erst nach dem ersten Frost seine Geschmacks- und Vitaminvielfalt entfalten kann, weshalb der erste Frost in ostfriesischen Küchen sehnsüchtig herbeigesehnt wird.

Dann beginnt auch die Zeit der Kohlfahrten – der Boßeltouren. Mit einem Bollerwagen, der mit seiner Auswahl an alkoholischen Getränken einen jeden Barbesitzer vor Neid erblassen lassen würde, geht es in feuchtfröhlicher Runde durchs kalte Land. Im Anschluss ist es üblich, sich bei Kohl im Wirtshaus vom Boßeln aufzuwärmen. Ein netter Nebeneffekt ist hierbei vermutlich, dass das fettreiche Gericht den Alkohol der vorangegangenen Tour absorbiert. Wer am längsten isst, wird übrigens zum Grünkohl-König ernannt.

Das Ganze ist aber nicht nur lecker, sondern soll jüngsten Studien zufolge auch noch gesund sein. Forschern der Universitäten Oldenburg und Bremen zufolge soll sich der vitaminreiche Kohl hervorragend zur Krebsprophylaxe eignen. Wem das noch immer nicht Grund genug ist, einmal zu kosten: In den USA zählt der Grünkohl, verarbeitet etwa in Smoothies, längst zum sogenannten Superfood. Dem Ostfriesen ist das alles herzlich egal – er isst, was ihm schmeckt. Und wenn es Pinkel heißt.

44 ZU HAUSE

ZWISCHEN CHRISTMETTE UND WIEHNACHT

Die raue Landschaft zieht an ihr vorbei, die Berge, Täler und Flüsse, die sie seit klein auf kennt, verschwinden allmählich in der Dunkelheit. Weihnachten in der Heimat, mit ihren Eltern und mit Max. Seit seinem Besuch fürs Grünkohlessen hat sie ihn nicht mehr gesehen, telefoniert haben sie auch nicht mehr. Er sagte, er sei zu eingebunden bei der Arbeit und könne sich nicht mehr frei nehmen. Bislang war das nie ein Problem.

Mit aufgestütztem Kinn sieht sie aus dem Fenster ihres Abteils, als ihre Station angesagt wird. Schmunzelnd denkt sie daran, wie Frau de Boer sie unter dem Vorwand, sie müsse sich noch von Eetje verabschieden, zu ihrem alten Gulfhof gelockt hat. Gerade als sie von der Auffahrt fahren wollte, kam ihr die alte Frau entgegengelaufen und drückte ihr zum Abschied noch grimmig eine Packung Tee und *Kluntjes* in die Hand. »Haben die da unten ja nicht, so was«, sagte sie und wollte sich wieder umdrehen, als Sonja sie fest in den Arm nahm. Das akzeptierte das Raubein ganze drei Sekunden, bevor es sich ruppig löste und ein »Wollen mal nicht rührselig werden, du kommst ja am Montag wieder« brummte, wobei sich Letzteres eher wie ein Befehl als eine Frage anhörte.

Sonja lachte daraufhin nur herzhaft, die Arme in die Seiten gestützt, und sagte: »Sie werden mich doch nicht etwa vermissen, Frau de Boer?« Vermutlich hatte sie es damit übertrieben, denn der alte Drachen murmelte prompt so etwas wie »Blödsinn, wegen Eetje mein ich« und stampfte zum Haus zurück.

Doch als Sonja von der Auffahrt auf die Landstraße abbog, brannte das Licht in der Küche und sie sah, wie die alte Frau ihr hinterherschaute. Ein bisschen fühlte es sich an, als verlasse sie ihr Zuhause, obwohl sie sich eigentlich auf den Weg dahin begab.

Als der Zug hält, packt sie ihre Sachen und geht die Stufen hinunter zum Gleis, wo ihre Eltern und Max schon warten und ihr im Chor »Frohe Weihnachten« zurufen. Freudestrahlend nimmt ihre Mutter sie in den Arm, und schon geht Sonja in einer Schwätz-Kaskade unter. »Grüß Gott, Schätzele, endlich wieder dahoim, gell?« Ihre Mutter streicht ihr über den Kopf. *»Dahanna gibt's au äbbes Gescheids zum Essa.«* Und ihr Vater fügt ein bisschen weniger urschwäbisch hinzu: »Sag mal, hast du abgenommen? Kein Wunder bei dem Essen da oben.«

Sonja verdreht die Augen. »Papa, wie oft genau warst du schon in Ostfriesland? Genau, kein einziges Mal. Hättet ihr mich besucht, hättet ihr schnell gemerkt, dass es da auch ganz leckere Sachen gibt, Fisch zum Beispiel.«

Ihr Vater verzieht das Gesicht. »Fisch, was soll ich denn damit? Da bleib ich lieber bei Spätzle, gell, Spatzele?« Er drückt seiner Frau einen Kuss auf die Wange, sie nickt zustimmend.

Sonja liebt ihre Eltern über alles, aber nur ein kleiner Blick über den Tellerrand, über ihren geliebten Berg hinaus, würde ihnen vermutlich nicht schaden. Sie seufzt und schultert die Tasche. »Na, dann. Auf zur Christmette.« Zu dem Ereignis, auf das sie sich noch nie gefreut hat, aber ihren Eltern zuliebe hingehen wird. Allein bei dem Gedanken daran, kurz vor Mitternacht wieder hundertmal im Wechsel knien, stehen und sitzen zu müssen, verschlechtert sich ihre Laune prompt. Wer hatte sich das eigentlich ausgedacht?

Obwohl Max sie auf dem Weg zum Auto fragt, ob sie noch in Ruhe reden können, bietet sich dazu keine Gelegenheit. Begleitet von dem fortwährenden Redestrom ihrer Mutter, fahren sie den Berg Kurve um Kurve hoch, um sich zu Hause für die Kirche fertigzumachen.

Die Bänke der Kirche sind bei ihrer Ankunft schon fast gefüllt, überall sitzen bekannte Gesichter aus dem Dorf. Gesichter, die sie schon so lange kennt, dass sie nicht mehr weiß, woher sie sie kennt. Kirchenbank um Kirchenbank muss sie stehenbleiben, um alte Freunde zu begrüßen, bis ihr einmal in der Eile, einen Platz zu finden, versehentlich ein *Moin* herausrutscht. Das musste ja passieren. Prompt schaut die Riester-Luzia irritiert von ihrer Bank hoch und lacht. Dann zieht sie die Augenbrauen hoch. »Na, dir auch einen guten Morgen, liebe Sonja, wobei der genaugenommen ja schon ein wenig her ist.« Sie zwinkert ihr zu. »Aber schön, dich mal wieder zu sehen. Wie geht's dir denn da unten in Friesland? Irgendwer hat mir mal erzählt, die Weihnachtszeit ist da nicht so besonders, nicht mal gescheite Weihnachtsmärkte sollen die da in Kiel haben. Bist du deshalb hier?«

Sonja stupst Max in die Seite, der sofort anfängt zu grinsen. Sie flüstert ihm zu: »Wenn die wüsste.« Sie räuspert sich und wendet sich der alten Schulkameradin zu. »Stimmt, da habe ich mich wohl vertan. Ja, freut mich auch, Luzia.« Dann runzelt sie die Stirn. »Aber wo hast du denn das mit den Weihnachtsmärkten her?« Erst gestern hat sie eine Übersicht der schönsten Märkte für die Zeitung erstellt.

Wat'n Mallöör

Wer glaubt, in Ostfriesland gibt es keine schönen Weihnachtsmärkte zu finden, irrt gewaltig. Und wer denkt, die Märkte, die es gibt, sind einen Besuch nicht wert, der hat noch nie die Busse gesehen, die zur Weihnachtszeit über die holländisch-deutsche Grenze zum Wiehnachtsmarkt achter d'Waag in Leer gekarrt werden. Zwar sind es vielleicht nicht die allergrößten Märkte, die die Besucher vorfinden. Dafür heben sie sich von den Massenmärkten ab.

KLOOKSCHIETER: DIE SCHÖNSTEN OSTFRIESISCHEN WEIHNACHTSMÄRKTE

Der Wiehnachtsmarkt achter d'Waag

Hier finden Sie einen der schönsten Weihnachtsmärkte im deutschen Nordwesten. Versteckt hinter der Waage, ist der Markt mit den liebevoll geschmückten Holzhäuschen zwischen Altstadt und historischem Hafen zu finden. Begleitet von lokalen Musikern und Chören können Besucher direkt am Wasser übers Kopfsteinpflaster schlendern und bei der Gelegenheit *Speckendicken* kosten, eine deftige ostfriesische Spezialität, bestehend aus Speck- oder Mettstreifen, die mit Teig im Waffeleisen gebacken werden. Für Leeraner bietet sich hier ebenso wie beim Gallimarkt die Gelegenheit, alte Bekannte wiederzutreffen.

Der Wintermarkt in Carolinensiel

Auch am Wasser liegend, bieten die Carolinensieler mit dem Wintermarkt eine weitere Attraktion – einen schwimmenden Weihnachtsbaum. Auf einem Schwimmponton schwebt der geschmückte Baum inmitten des Museumshafens vor der Fassade der Altbauten.

Der Weihnachtsmarkt an der Mühle Wiegboldsbur

Schon von Weitem sind die leuchtenden Flügel der Mühle in Wiegboldsbur zu erkennen. Neben Chören und Posaunenklängen auf der Galerie finden Besucher hier auch selbst gebackenes Brot und andere Köstlichkeiten.

Lütetsburger Weihnacht

Eine kleine Märchenwelt gibt es in Lütetsburg bei Norden zu entdecken. Vor der traumhaften Kulisse des festlich geschmückten Wasserschlosses bieten Händler in weißen Zelten, die mit einem Weihnachtsstern gekrönt sind, Dekowaren, Mode und natürlich Leckereien feil.

Emder Engelkemarkt

Zimt, Vanille, Glühwein – vor der malerischen Kulisse des beleuchteten Rathauses liegt das kleine Weihnachtsdorf mit all seinen Düften. Eine Weihnachtspyramide umgeben von Museumsschiffen lädt hier zu einer echten Auszeit ein.

Auricher Weihnachtszauber

Das größte Knusperhaus Deutschlands begeistert jährlich die Besucher des Auricher Weihnachtsmarktes – ob jung oder alt. Auf über 900 Quadratmetern Fläche gibt es hier echtes Hänsel-und-Gretel-Feeling.

Als die Christmette vorüber ist, schwärmen die Leute aus, zurück in ihr Heim, zum Festtagsbraten und ihren Liebsten. Nur Max und Sonja stehen vor der Kirche. Sonja hält die Arme um sich geschlungen, als ein paar Schneeflocken fallen. »Du, Max, ich glaube, ich kann das nicht mehr. Dieses Hin und Her, dass wir uns nicht regelmäßig sehen können – du musst dich entscheiden.«

Max wird ernst und schaut sie an. »Das habe ich mich schon.«

Ihre Hand zuckt zum Schlüsselbein. »Verstehe.« Sie schaut weg, als ihre Augen feucht werden. Ihre Nase läuft. »Scheißschnee hier.« Geräuschvoll zieht sie die Nase hoch. Irgendwo im Dorf spielt ein Posaunenchor »Stille Nacht«.

Max gluckst. »Du verbringst zu viel Zeit mit Frau de Boer.« Er reicht ihr ein Taschentuch. »Nee, Sonja. Ich glaube, du verstehst schon wieder gar nichts.« Vorsichtig dreht er ihr Gesicht zu sich. »Oh Mann, einen Penny für deine Gedanken. Du siehst aus, als wärst du im Kopf schon wieder bei der Scheidung, dabei sind wir noch nicht einmal verheiratet, Motsi.« Er kichert und weicht gleichzeitig geübt dem drohenden Klaps aus. Dann wird er ernst. »Sonja. Ich wollte dir nur sagen, dass ich zu dir ziehe, nach Ostfriesland. Ich hatte vergangene Woche mein Vorstellungsgespräch per Skype. Ich wollte es dir persönlich sagen, deshalb habe ich nicht mehr angerufen.« Er flucht. »Hätte ich mir ja denken können, dass du dir wieder sonst was zusammenreimst. Du schreibst zu viele Geschichten.« Er nimmt ihre Hand, die während der vergangenen Sekunden ihr Schlüsselbein aufs Ärgste malträtiert hat. »Was meinst du?«

Doch der letzte Satz geht in dem Quieken unter, das Sonja von sich gibt, als sie ihm in die Arme fällt. Dumpf ertönt an seiner Brust ein: »Ich denke, ich finde das ganz okay.« Max lächelt.

Ein paar Minuten bleiben sie so stehen, bis Sonja wieder zu reden beginnt. »Max, ich verrate dir ein Geheimnis, aber du darfst es wirklich niemandem erzählen.« Mit gerunzelten Augenbrauen blickt sie auf.

»Hmm?« Max drückt ihr einen Kuss auf die Stirn.

»Ich vermisse Grietje und Eetje.« Sie streift über ihr Schlüsselbein.

»Das ist kein Geheimnis.« Sanft zieht er ihre Hand wieder herunter.

»Na ja«, druckst sie. »Frau de Boer irgendwie auch.«

Da lacht Max schallend los. Prustend machen sie sich im Schnee auf dem Weg zurück zum Auto.

45 DER KRÖNENDE ABSCH(L)USS

WENN MILCHKANNEN IN DIE LUFT GEHEN

Max und Sonja stehen, von der Silvesterfeier noch reichlich lädiert, auf einem Acker bei Frau de Boer. »Sonja, das war doch gestern Abend aber ein Scherz von Grietje, dass ihre Oma jedes Jahr am Neujahrsmorgen Milchkannen in die Luft sprengt«, sagt Max. Weniger überzeugt fügt er hinzu. »Oder?«

Da winkt ihnen die alte Frau zu. »Man nich so schüchtern da hinten«, bellt sie. »Herkommen. Und nachher gib's fein lecker *Beck vull Schandaal.*«

KLOOKSCHIETER: MIT *RULLERKES* INS NEUE JAHR

Beck vull Schandaal, »einen Mund voller Lärm«, nennen Ostfriesen ihre heißbegehrten Neujahrskuchen, die auch *Rullerkes* oder *Neeijahrskoken* heißen und den Gästen traditionell einen Tag nach Silvester gereicht werden. Typische Zutaten für den Geschmack der knusprigen Hörnchen sind Anis oder Kardamom. Anstelle von Zucker verwenden Ostfriesen natürlich in heißem Wasser aufgelösten Kandis für den Teig, damit die Waffeln auch schön kross werden. Früher noch mit einem zangenförmigen Kucheneisen über dem offenen Feuer gebacken, werden die *Rullerkes* mittlerweile aber mit einem ganz normalen elektrischen Waffeleisen hergestellt. Noch bis Anfang des 20. Jahrhunderts vererbten viele Ostfriesen über Generationen hinweg ihr mit einem Monogramm verziertes Waffeleisen.

Frau de Boer stapft über die gefrorene Erde zur Milchkanne. Max kichert hinter ihrem Rücken: »Was für einen Schkandal?« Doch er verstummt prompt, als Frau de Boer ihn mit einem Blick abstraft.

»Schisser«, murmelt ihm Sonja zu, woraufhin sie erst einen kleinen Stoß von Max kassiert und dann noch einen vernichtenden Blick von dem Drachen. »Würde sie Feuer speien, es würde mich nicht wundern«, murmelt sie und lächelt der alten Dame zeitgleich zu.

Doch dann trauen die beiden ihren Augen nicht. »Sonja, sie macht das wirklich.« Max wird blass.

Seelenruhig hält Frau de Boer auf dem eisigen Acker in diesem Moment einen Bunsenbrenner an den Boden einer silbernen Milchkanne. Und obwohl Sonja und Max noch zwanzig Meter weiter entfernt von der Kanne stehen als Grietje, zucken sie unisono zusammen, als der Deckel mit einem kräftigen Rumms mehrere Meter weit durch die Luft segelt.

»*Proost Neeijahr*«, brüllt Grietje und wirft die Arme in die Luft. »*Dat is doch heel wat Besünners*, oder?« Dann nimmt sie Frau de Boer den Bunsenbrenner ab und marschiert zur nächsten Kanne.

De leste Mallöör

Es ist nicht der ungefährlichste Brauch, dafür aber vermutlich die billigste Variante, mit einem Knall ins neue Jahr zu starten: das Karbidschießen. Auch im 21. Jahrhundert ist diese Tradition in Ostfriesland, beispielsweise in Holtland, nicht in Vergessenheit geraten.

Der Bau und das Abfeuern einer Milchkannenkanone gehören bei den Hünen aus dem Norden noch zum guten Ton: etwas Karbid und Wasser – und rumms. Ursprünglich sollte der Brauch böse Geister vertreiben, heute hat die Dorfjugend einfach ihren Spaß daran. Allerdings unterliegt die Ballerei heutzutage aus nachvollziehbaren Gründen strengen Auflagen, weshalb das Karbidschießen eigentlich nur unter Aufsicht der Feuerwehr stattfinden darf. Eigentlich. Danach geht es übrigens von Haus zu Haus, um den Nachbarn die Wünsche zum neuen Jahr zu überbringen – und natürlich fließt dabei auch wieder die eine oder andere *Bohntjesopp*. Na dann, nich lang schnacken, Kopp in Nacken!

Max reckt zittrig beide Daumen in die Luft, woraufhin Grietje übers ganze Gesicht strahlt. Dann lehnt er sich zu Sonja rüber. »*Bittje* illegal, hat Grietje noch gesagt, das ist ja wohl die Untertreibung des Jahrhunderts. Schießen die hier einfach mit einem Gasgemisch alte Kannen in die Luft. Die spinnen, die Ostfriesen.« Er sieht fassungslos dabei zu, wie Grietje den nächsten Deckel wegsprengt. »Was ist denn an guten alten und sicheren Feuerwerkskörpern so verkehrt, Sonja? Müssen die Ostfriesen immer eine Schippe drauflegen?«

Sonja kichert. »Ja, einen Knall haben sie schon.«

Doch wie sie da so stehen, Hand in Hand, mit der jauchzenden Grietje und der stoischen Frau de Boer vor sich, die die Hände in den Hosentaschen ihrer Jeans vergraben hat, und der muhenden Eetje im Stall, könnten sie glücklicher nicht sein.

KLOOKSCHIETER: 10 GRÜNDE, WARUM MAN NACH OSTFRIESLAND ZIEHEN SOLLTE

1. Weil mit *Moin* alles gesagt ist.
2. Weil du Einbrecher schon auf 100 Kilometer Entfernung sehen kannst.

3. Weil du hier keine Handbremse brauchst. Es sei denn, du stehst am Deich.
4. Weil sie dich nach dem zehnten Bier in der Stadt komisch ansehen. In Ostfriesland bist du der Fahrer.
5. Weil die Ostfriesen die wildesten Abkürzungen kennen, die nicht mal Google Maps weiß.
6. Weil man sich beim Autofahren mit einem kurz vom Lenkrad erhobenen Zeigefinger grüßt.
7. Weil *Jo* hier ein vollständiger Satz mit Subjekt, Prädikat und Objekt ist.
8. Weil sie in Ostfriesland noch wissen, wie der Nachbar heißt. Und was er für Hobbys hat. Und dass der Goldfisch seiner Cousine dritten Grades Meta heißt. (Und weil der Nachbar das alles auch über sie weiß.)
9. Weil sie hier noch auf dem Feldweg Autofahren lernen.
10. Weil *Fifty Shades of Grey* hier noch eine Beschreibung für den ostfriesischen Himmel ist.

ANHANG

10 DINGE, DIE SIE IN OSTFRIESLAND UNBEDINGT TUN SOLLTEN

1. Nehmen Sie an der *Teetied* teil. Ansonsten eröffnet sich Ihnen das Füllhorn der ostfriesischen Fettnäpfchen.

2. Grüßen Sie die Leute mit »*Moin*«. Nur mit »*Moin*«, nicht mit »Guten Moin« und auch nicht mit »*Moin Moin*«. Einfach »*Moin*«. Sie sind nicht Heidi Klum auf Koks in Kuba. Sie sind in Ostfriesland, hier wird *Moin* gesagt – und Tee getrunken.

3. Fahren Sie auf eine der Ostfriesischen Inseln. Buchen Sie sich einen Strandkorb, vergraben Sie die Zehen im Sand und lecken Sie sich das Salz von den Lippen. Wer braucht da noch Italien?

4. Wenn im Sommer 2019 die Otto-Ampeln installiert werden, fahren Sie nach Emden und bleiben Sie stehen, wenn es grün wird. Dann bekommen Sie ein Gespür für das ostfriesische Gemüt. Es ist das Gegenteil von Hektik.

5. Wenn Sie schon einmal da sind, können Sie auch einen Abstecher nach Suurhusen machen, zum schiefsten Turm der Welt. Ehrenwort.

6. Sie wollen sich in den siebten ostfriesischen Himmel katapultieren? Fahren Sie nach Pilsum, steigen Sie auf den Leuchtturm und heiraten Sie Ihren Liebsten oder Ihre Liebste.

7. Sollten Sie die Region im Herbst besuchen, gehen Sie auf den Leeraner Gallimarkt, den Jahrmarkt der Region. Und wenn Sie vor Ort sind, zeigen Sie sich souverän, wenn Männer in Strumpfhosen den Markt eröffnen.

8. Gehen Sie mit auf eine Boßeltour. Haben Sie den Rausch Ihres Lebens. Natürlich vom Adrenalin-Kick des Sports ...

9. Gehen Sie zur Wahl der Miss Ostfriesland. Da ist tierischer Spaß programmiert. Wortwörtlich.

10. Sie haben alle oben aufgeführten Dinge getan? Sie glauben, nachdem Sie das Buch gelesen und Ostfriesland eingehend studiert haben, haben Sie es verstanden? Zeit, das zu überprüfen. Legen Sie das Ostfriesen-Abitur in Wittmund ab.

ANHANG

10 DINGE, MIT DENEN SIE SICH IN OSTFRIESLAND BLAMIEREN

1. Ostfriesland ist nicht gleich Ost-Friesland. Vermischen Sie das nicht. Ansonsten kommen Sie dem folgenden Zitat ganz schön nah: »Mailand oder Madrid – Hauptsache Italien.«

2. Tonnenweise Tee, kilometerweite Kuhweiden – nein, Sie sind nicht in Indien. Dafür ist die Kuh hier trotzdem heilig. Beschweren Sie sich bloß nicht über den Geruch. Den bucht man hier mit. Und der wird genossen.

3. Rühren Sie Ihren Tee UNTER GAR KEINEN UMSTÄNDEN um1!!!!1111!!!1 Um es mal wie Til Schweiger in seinen Tweets zu sagen.

4. Wenn Ihnen jemand zu unserer geliebten Palme des Nordens, dem Grünkohl, eine Wurst namens Pinkel reicht, dann reißen Sie sich zusammen. Da wird nicht gelacht. Auch wenn Pinkel übersetzt Penis heißt. Glucks.

5. Sie wollen Möwen füttern? Nur zu. Wenn Sie sich unbedingt unbeliebt machen wollen.

6. Wenn der Ostfriese den Bunsenbrenner beim Karbidschießen an die Milchkanne hält, dann setzen Sie Ihr bestes Pokerface auf. Hier wird nicht zusammengezuckt.

7. Hörig dem Navi folgen und keinen Ersatz dabeihaben. Können Sie machen. Alles Folgende ist dann aber Ihr Problem.

8. Sie denken, Sie könnten sich ja auch mal an Platt versuchen? Erinnern Sie sich kurz, wie die Ansage der Deutschen Bahn auf Englisch klingt. Genau. »Sänk ju vohr träweling wis Deutsche Bahn.« So möchten Sie nicht sein.

9. Gehen Sie niemals und unter gar keinen Umständen allein ins Watt. Auch wenn Sie die nächste Sandbank schon sehen und denken, das ist Ihr Indiana-Jones-Moment. Ist es nicht.

10. Sie waren schon in Asien, Amerika und Afrika? Das ist beeindruckend, hilft Ihnen bei der Suche nach Ihrer Unterkunft auf Baltrum aber trotzdem nicht.

ANHANG

LÜTTJE LEXIKON FÖR BUTENLANNERS

All up Stee?	Alles in Ordnung?
All weer'n Mallöör	Wieder ein Fettnäpfchen
Beck vull Schandaal	wörtlich: einen Mund voller Lärm – knusprige ostfriesische Neujahrskuchen.
Blattje	Zeitung
Bohntjesopp	ostfriesischer Branntwein, der aus Korn, Kartoffeln oder Rüben gebrannt und mit Aroma und Couleur angereichert wird (und es in sich hat)
Butenlanner	Ausländer
Butenostfriesen	außerhalb Ostfrieslands lebende Ostfriesen
Da proot ik eenmaal up Engelsk	Da spreche ich einmal Englisch.
Du olle Bangbüx!	Du alter Angsthase!
Düvel Blixem!	Fluch
Eerstmaal en Koppke Tee!	Erst mal eine Tasse Tee!
Endje van Welt	das Ende der Welt

Fako	Fanta-Korn-Mischgetränk
Fehn	die Moorkolonie
Granat	Krabben
Gröönkohl	Grünkohl
Gulfhaus oder Gulfhuus	Typ des alten ostfriesischen Bauernhauses (von Gulf, was Scheune bedeutet)
Hammrich	von Gewässern durchzogenes Weideland
Harrijasses!	Ausruf des Schreckens
He, wat moi!	Oh, wie schön!
Heel wat Besünners!	Etwas ganz was Besonderes! (oder auch: Köstlichkeit)
Holl di munter!	Auf Wiedersehen!
hunnert	astrein, super, toll
Ikk heb di leev!	Ich liebe dich!
Jasses 'ne!	Ausruf des Schreckens
Jo	stimmt, alles klar, reicht jetzt mit dem Reden
Kiek mal weer in!	Schau mal wieder vorbei!
kieken	gucken
Kinnertöön	ostfriesische Tradition, die Geburt eines Kindes zu feiern
Klookschieter	Klugscheißer
Klöönschnak	Klatsch und Tratsch
Kluntje	Kandiszucker
Knieptang	Geizhals
Koppke	Tasse, Teetasse
löppt	läuft
lüttje	klein

Melkhuske	Milchhäuser (kleine Raststätten, die an Radwanderwegen liegen und Milchspezialitäten anbieten)
mien Leev	meine Liebe
moi	gut, angenehm, schön
Moi'n Dag	Schönen Tag
Moin	Hallo, guten Tag, guten Mittag, guten Abend
Proost Neeijahr!	Frohes Neues!
Püllpott	Steingutkrug
Rohmlepel	Sahnelöffel (Miniatursahnekelle)
Schietweer	schlechtes Wetter
Schöfeln	Schlittschuhlaufen
Sloot oder Schloot	Wassergraben
Snirtjebraa	Schweinebraten, ostfriesische Spezialität
Speckendicken	deftige ostfriesische Spezialität, bestehend aus Speck- oder Mettstreifen, die mit Teig im Waffeleisen gebacken wird
Teetied	Teezeit
Updrögt Bohnen	getrocknete Bohnen
Wat mut, dat mut!	Was muss, das muss!
Wieke	Kanal in einer Moorkolonie
Wo geih't?	Wie geht's?
Wulkjes	Sahnewölkchen

Bei CONBOOK darf sich wieder blamiert werden!

Die neuen Fettnäpfchenführer

Fettnäpfchenführer Brasilien
ISBN 978-3-95889-194-4
ISBN 978-3-95889-276-7

Fettnäpfchenführer China
ISBN 978-3-95889-188-3
ISBN 978-3-95889-278-1

Fettnäpfchenführer Griechenland
ISBN 978-3-95889-186-9
ISBN 978-3-95889-280-4

Fettnäpfchenführer Neuseeland
ISBN 978-3-95889-180-7
ISBN 978-3-95889-282-8

Fettnäpfchenführer Portugal
ISBN 978-3-95889-195-1
ISBN 978-3-95889-284-2

Fettnäpfchenführer Schweden
ISBN 978-3-95889-257-6
ISBN 978-3-95889-299-6

Fettnäpfchenführer Taiwan
ISBN 978-3-95889-172-2
ISBN 978-3-95889-286-6

Fettnäpfchenführer Thailand
ISBN 978-3-95889-196-8
ISBN 978-3-95889-288-0

Fettnäpfchenführer Vietnam
ISBN 978-3-95889-247-7
ISBN 978-3-95889-290-3

CON
BOOK.

Auf dem Holzweg durch die Highlands

Wer nur ein bisschen Englisch spricht, findet sich in Schottland bestimmt ganz schnell zurecht – schließlich hat doch jeder schon mal von Dudelsäcken, Whisky und Loch Ness gehört, oder? Auch Franziska fühlt sich schon ganz trittsicher, als sie von München nach Inverness zieht.

Doch in ihrem privaten und beruflichen Alltag und während eines Trips durch die Highlands stapft Franziska in jede Menge Fettnäpfchen. Aber aus Fehlern lernt man bekanntlich …

Ulrike Köhler
Fettnäpfchenführer Schottland
Auf dem Holzweg durch die Highlands

ISBN 978-3-95889-248-4
ISBN 978-3-95889-301-6

CON
BOOK.

Der ultimative Atlas gegen Heimweh

Deutschland, Österreich und die Schweiz – drei hochgradig unterbewertete Reiseländer, die jede Menge bieten können. Spektakuläre Vulkane, verlassene Testgebiete für nukleare Sprengkörper und haufenweise Giftspinnen gehören jedoch nicht dazu. Heißt das, man muss bei Ausflügen vor der eigenen Haustür auf den Nervenkitzel verzichten? Mitnichten.

Dieser Atlas nimmt Sie mit auf eine aufregende Reise quer durch die drei Länder und ihre risikoreichsten Orte. Zwischen Nordsee und Hochalpen finden sich nicht nur bekannte, aber gefährlich unterschätzte Sehenswürdigkeiten, sondern auch bergeweise Überraschungen.

Markus Lesweng
How to Kill Yourself daheim
Der Atlas für wahnsinnig Heimatverbundene und heimatverbundene Wahnsinnige

ISBN 978-3-95889-303-0
ISBN 978-3-95889-329-0

Vom Autor von »How to Kill Yourself Abroad«, dem Atlas für die gefährlichsten Reiseziele weltweit

CON BOOK.

Mut zur Lücke – der geilsten Lücke im Lebenslauf!

Er wurde angeschossen und ausgeraubt, durchsegelte einen Hurrikan auf dem Pazifik, war als Schmuggler unterwegs, wurde verhaftet und verdiente ein paar Dollar als Stripper in Las Vegas – Nick Martin hat in sechs Jahren knapp 60 Länder auf fünf Kontinenten bereist und damit mehr fürs Leben gelernt als mit jeder noch so steilen Karriere.

Aus all diesen Erfahrungen hat Nick ein besonderes Werk erschaffen: Gemeinsam mit der Berliner Autorin Anita Vetter hält er sein Leben in einem erzählerischen Bildband fest.

Nick Martin
Die geilste Lücke im Lebenslauf
6 Jahre Weltreisen

ISBN 978-3-95889-249-1
ISBN 978-3-95889-273-6

CON BOOK.